ITALIEN
Kulinarische Streifzüge

Hans Joachim Döbbelin

ITALIEN

Kulinarische Streifzüge

Mit 73 Rezepten,
exklusiv fotografiert
für dieses Buch
von
Hans Joachim Döbbelin

SIGLOCH
EDITION

FRANKREICH
SCHWEIZ
ÖSTERREICH
SLOWENIEN
MONACO
SAN MARINO
ITALIEN
ALGERIEN
TUNESIEN
Alpen
Apenninen
Zürich
Bern
Lausanne
Genf
Lyon
St.Étienne
Grenoble
Aix-en-Provence
MARSEILLE
Toulon
Nizza
Innsbruck
Meran
Bozen
Südtirol/Trentino
Trient
Belluno
Friaul-Julisch Venetien
Udine
Ljubljana
Triest
Rijeka
Rhein
Rhone
Veltlin
Lago Maggiore
Comer See
Gardasee
Aostatal
Aosta
Lombardei
Como
Bergamo
Brescia
Asiago
Bassano del Grappa
Marostica
Novara
Vercelli
TURIN
MAILAND
Verona
Venetien
Padua
Venedig
Pavia
Cremona
Mantova
Piemont
Monferrato
Asti
Alba
Piacenza
Parma
Ferrara
Po
Reggio nell'E.
Modena
Emilia-Romagna
Comacchio
GENUA
Savona
Ligurien
Golf von Genua
La Spezia
Carrara
Bologna
Ravenna
Rimini
Pesaro
Lucca
Prato
Pisa
Florenz
Livorno
Castellina i. Chianti
Chianti
Siena
Toskana
Ancona
Marken
Perugia
Assisi
L.d.Trasimeno
Umbrien
Norcia
San Benedetto
Piombino
Elba
Grosseto
Orvieto
Spoleto
Terni
L.d.Bolsena
Viterbo
Maremma
Civitavecchia
Latium
l'Aquila
Abruzzen
Pescara
Sulmona
Maiella
ROM
Frosinone
Molise
Campobasso
Benevento
Kampanien
NEAPEL
Vesuv 1277m
Sorrento
Salerno
Korsika
Ajaccio
Sardinien
Sassari
Oristano
Carbonia
Cagliari
Ligurisches Meer
Adriatisches Meer
Tyrrhenisches Meer
Mittelmeer
Str. von Sizilien
Sizilien
Trapani
Marsala
PALERMO
Messina
Ätna 3340m
Catania
Caltanissetta
Ragusa
Siracusa
Isola di Pantelleria
Skikda
Annaba
Constantine
TUNIS
Obst
Getreide
Reis
Schweine
Trüffel
Oliven
Kräuter
Blumen
Rinder
Schafe
Tomaten
Zitrusfrüchte
Mandeln

INHALT

Küche, Land und Leute

Rezepte

Kein Zweifel, daß dieser römische Fischhändler sich darauf versteht, das Publikum in seinen Bann zu ziehen – und vielleicht auch zum Kauf zu bewegen.

Zur Abbildung auf Seite 2: „Alles ist auf der Straße, sitzt in der Sonne, so lange sie scheinen will. Der Neapolitaner glaubt, im Besitz des Paradieses zu sein, und hat von den nördlichen Ländern einen sehr traurigen Begriff…", so schreibt Goethe 1787 bei seiner Ankunft in Neapel.

Liebe Leserinnen, liebe Leser,

Italien ist die Heimat einer natürlichen Küche, die sich heute höchster Wertschätzung erfreut. Sie ist uralt und war immer schon modern. Dem genußfröhlichen Leib bekömmlich, mit den frischen Aromen der Gemüse und dem meist gegrillten Fleisch oder Fisch unendlich köstlich und mit Pasta, mit grünem Olivenöl und Rotwein gerade das, was die Doctores heute für Herz, Kreislauf und Wohlbefinden empfehlen. Hat man sich einmal von der Vorstellung befreit (die von Italienern seit jeher belächelt wird), Spaghetti mit Tomatensauce, Pizza oder Tiramisu seien die Repräsentanten italienischer Eßkultur, dann steht einem bei der Entdeckung des Reichtums dieser Küche nichts mehr im Wege.

Die italienische Küche bietet die Vielfalt, von der alle *buongustai* träumen, sie ist raffiniert durch ihre Einfachheit, aromatisch, fröhlich und voller Vitalität. Das hat uns zu diesem Buch angeregt. Es ist uns ein Vergnügen, unsere Freude am Kochen und Essen mit Ihnen zu teilen.

Hans Joachim Döbbelin

Reise zum guten Geschmack

Laßt uns die Reise zum Beispiel dort beginnen, wo die elegant uniformierten und am drängelnden Verkehr absolut desinteressierten sizilianischen Zöllner gelassen am Zollhaus lehnen. Am Brenner.
Im ganzen Eisack- und oberen Etschtal wirken Geschmack und Aroma Österreichs noch lange nach. Erst kurz vor Trient werden Menschen und Häuser italienischer. Wenn auch in der Sprache immer noch die rauchige Rauheit des Tirolischen nachklingt, und uriger Speck mit Fichtenholzaroma und Knödel (auch wenn sie jetzt *canederli* heißen) die Reisebegleiter auf den Speisekarten sind.
Beginnen wir aber unsere Reise im Nordosten Italiens, in Triest oder Gorizia, riechen wir den Duft des k. & k. Kaffeesalons und genießen die herzhaft gemütliche Küche mit karnischem Speck, Sauerkraut und kräftigen Schweinswürsten.
Am hohen westlichen Tor des geliebten Stiefellandes, dem lange schneebedeckten Paß, wo braunweiß gefleckte, kalbsgroße Hunde verirrte Wanderer mit dem tiefroten Wein Piemonts aus dem umgehängten Fäßchen versorgen, da klingt das Italienische auf einmal französisch. Das gebirgige Aosta-Tal war nämlich lange Jahrhunderte dem savoyischen Königshaus untertan. Nur die weißen Trüffel aus Alba, die heiße *bagna caôda*, die köstliche Turiner *pasticceria*, die Ferrero-Kirsche, FIAT und die Anarchie in den Köpfen der Intellektuellen und Arbeiter sind typisch italienisch.
Auf Sizilien dagegen wehen der heiße Atem Afrikas und der leichte ägäische Wind. Das pechschwarze Haar der agilen Händler auf den Straßen Palermos läßt uns die Nähe des afrikanischen Kontinents ahnen. Wenn auch die rotblonden Nachfahren der normannischen und staufischen Herrscher oft verwirren. Das sarazenische Erbe bestätigen auch die zuckersüßen *dolci*.
Die ursprüngliche Eleganz Österreichs, das Feuer des Balkan, die delikate Küche Frankreichs und die arabische Kultur Afrikas haben die Regionen Italiens geprägt und sind noch heute lebendig. Nichts und niemand war aber im Stande, ganz Italien unter einem Deckel zu vereinen. Und schließlich sind diese so unterschiedlichen Italiener ja erst seit rund 140 Jahren eine Nation – die regionalen Kochtöpfe aber sind geblieben.

Ob für Tortellini, Tagliatelle oder eine der anderen rund 300 italienischen Nudelsorten, der Teig muß von kundiger Hand und mit Liebe gemacht werden. Nur dann schmeckt's wie bei „Mamma".

Ankunft jenseits der Alpen

Zum Kirchgang wird im Vinschgau in Südtirol noch der schwarze Sonntagsrock angelegt.

Seite gegenüber: Der Blick auf die Wallfahrtskirche Santa Caterina del Sasso am Lago Maggiore eröffnet dem Ankommenden die ganze Schönheit der oberitalienischen Berg- und Seenwelt.

Südtirol, Trentino, Friaul-Julisch Venetien, Piemont und Aosta-Tal

Die sich wie ein Gürtel durchs Gebirge schlängelnden Ortschaften und Gemeinden Norditaliens sind stark von der Tradition der Bergvölker geprägt: von den Vorlieben ländlicher, oft abgeschlossener Gemeinschaften, vom harten Arbeitsleben und dem ständigen Kampf ums Überleben gegen das rauhe Klima und die geringen Erträge der Landwirtschaft.

Die – hier als Weidewirtschaft betriebene – Rinderhaltung bringt es mit sich, daß es in den Alpen und an ihren Ausläufern überall Milch, Sahne, Käse und Butter gibt. Deshalb verwendet man hier zum Kochen auch eher Butter als Öl. Viele der besten Kuhmilchkäse Italiens werden in diesen Gebirgsregionen erzeugt. Fontina und Toma in Piemont, Vezzena, Asiago d'allievo und Asiago pressato im Trentino, Montasio und der ausgefallene Formaggio salamoia in Karnien und Friaul, Graukäse, Almkäse und Zieger in Südtirol, das im Italienischen übrigens Alto Adige heißt.

Räuchern des gepökelten Fleisches und der Würste – meist im Wacholderrauch – und das anschließende Reifen und Trocknen an der frischen Gebirgsluft sind die handwerklichen Konservierungsmethoden für Fleischwaren in Südtirol, Trentino und teilweise auch in Friaul. *Spek* (in diesem Fall wirklich nicht mit ck) ist eine wichtige Spezialität der Regionen Südtirol und Trentino. Die bekanntesten Würste heißen Kaminwurzen.

Aus dem Tagliamento-Tal in Friaul kommt eine feine italienische Fleischspezialität, der San-Daniele-Schinken. Das ist nur mit Salz und Gewürzen behandelter, gepreßter, luftgetrockneter und lange gereifter Schinken ausgewählter Schweine von mindestens 180 bis 200 Kilogramm Gewicht. Sie reifen je nach Qualität 6 bis 20 Monate, allerdings heute nicht mehr in den hohen Holzscheuern in der durchstreifenden Bergluft, sondern in modernen Klimakammern. Dieser Rohschinken wird hauchdünn geschnitten und als Vorspeise zum Beispiel auf Melonenschnitzen oder Brot gereicht.

Und natürlich gibt's in Südtirol und im Trentino viele Arten von Knödeln. Im Trentino heißen sie vielleicht dann *canederli al formaggio* oder *strangolapreti*, wenn

Nicht so berühmt wie der Gorgonzola, deshalb aber nicht weniger verführerisch: der Castelmagno, ein Blauschimmelkäse aus den Langhe in Piemont.

Käse oder Spinat dabei sind. Sie werden von den Italienern als „eine Art Gnocchi, so groß wie Mandarinen“ bestaunt. Häufig ist diese Leibspeis' der Tiroler auch Beigabe zu Rauchfleisch und Sauerkraut. Der schönen Namen wegen dürfen wir auf keinen Fall Schlutzkrapfen und Tirtlen vergessen. Dahinter verstecken sich einfach Ravioli oder Teigtäschchen.

Die Nähe zu Österreich kommt vor allem bei den obligatorischen Süßspeisen zum Ausdruck, den vielerlei Strudeln aus Äpfeln, Topfen, Mandeln, Nüssen und Trauben, dem Kaiserschmarrn und den sogenannten Zelten. Das sind Schnitzbrote mit getrockneten Früchten, Rosinen und Mandeln. Für die Torten, Strudel und Krapfen verwendet man gerne dunkles Mehl oder Buchweizenmehl. Für alle Zutatenlisten gilt, daß Zucker, Sahne, getrocknete Früchte und Obstschnäpse nicht zu knapp bemessen werden, da sie die Kälte besser bekämpfen als ein Wollpullover. Man muß schließlich auch im Winter gesund leben!

Daß die Küche in dieser Region mit all den originalen Zutaten des Landes nicht deftig, grob und schwer sein muß, haben wir mit großem Vergnügen oberhalb von Trento in einer kleinen Ortschaft erlebt. Wir kurvten durch enge Felsdurchbrüche von Trient aus hinauf und erreichten wenige Meter vor der Ortseinfahrt von Civezzano die Weingärten von Piero Zabini. Zwischen den Rebreihen liegt die *Maso Cantanghel*. Hier serviert seine Frau Lucia Gius ein überraschendes Mahl aus fünf Gängen. Garten- oder feldfrische Gemüse, zartes Fleisch, auf den Punkt zubereitet, saftig und wohlschmeckend, alles hausgemacht, aber überhaupt nicht hausbacken. Und Zabinis Weine und seine fruchtigen Destillate vertiefen durch Duft und Aroma den Genuß. So soll's sein.

Es gibt in Südtirol und im Trentino außergewöhnlich viele Rebsorten, deren bekannteste Pinot grigio, Pinot bianco, Chardonnay, Vernatsch, Lagrein, Marzemino, und Teroldego heißen. Die Reben werden meist in der alten Pergola-Erziehung angebaut. Rund 55 Prozent sind DOC-Weine, das ist der höchste Standard Italiens.

Friaul hat, wo es an Österreich und Slowenien grenzt, viele Rezepte von dort übernommen. Gulasch, Würstchen und Kraut gehören einfach dazu. Im Landes-

innern ist Polenta so wichtig wie im Veneto. Nirgendwo in Italien wird so viel Bier getrunken wie hier, und es gibt in keiner anderen Stadt Italiens so viele *birrerie* wie in Triest. Trotzdem trinken wir in Friaul am liebsten Weißweine. Josko Gravners Weine aus Oslavia im Collio, direkt an der ehemals jugoslawischen Grenze, haben es uns besonders angetan. Wir haben noch keine Sauvignon blanc- oder Chardonnay-Weine verkostet, in denen die zarten, duftigen Aromen der Trauben besser mit den *barriques* verbunden und auf die Flasche gebracht wurden. Nach den 70er Jahren haben auch Mario Schiopetto und Vittorio Puiatti sortenreine italienische Weißweine mit Frische, Frucht und funkelnder Eleganz erzeugt. Ein großer Teil der Rebfläche ist aber nach wie vor mit Rotwein bepflanzt. Und diese fruchtigen Weine erreichen heute ein hohes Niveau.

Die Piemonteser sind Gern- und Vielesser. Manche Orte bezeichnen sich gar als *Repubblica di buongustai!* Ihre Hochzeit aber erlebt die Küche Piemonts im Herbst. Trüffeln und Rebhühner, Karden und Fasane, Nüsse und Trauben, all diese Köstlichkeiten geben uns die Kraft der Sommersonne im Herbst zurück. Es entfaltet sich eine Symphonie der Düfte und Aromen. Die Zwiebeln aus Ivrea, Toma, ein Hartkäse mit vielen Varianten, wie es für die Bergkäse typisch ist, die würzige Mocetta, früher einmal Schinken vom Steinbock, heute von Gemse

Die langen, dünnen „grissini“ kommen aus Turin. Man knabbert sie zum Aperitiv oder zu einem Glas Wein.

Weiße Trüffel werden nicht mitgekocht, sondern erst über das fertige Gericht gehobelt. Der Fund dieses piemontesischen Bauern – das heißt, der seiner Hunde – dürfte für ein paar gut getrüffelte Nudel-, Reis- oder Fleischgerichte reichen.

oder Ziege, die reifen Trauben und natürlich immer wieder die Trüffeln. Mit verbundenen Augen könnte man diese Region im Herbst bereisen und würde doch viel von ihrem Reichtum und ihrem Zauber mitbekommen.

Unser erster Besuch im Monferrato führte uns zu den alten Rivalinnen Alba und Asti. Wir bezogen Quartier auf dem Land, in der Mitte zwischen den beiden Städten. Das *Garibaldi* in Cisterna d'Asti ist noch ein richtiger Familienbetrieb. Ihre Spezialitäten sind die umfängliche Platte mit piemontesischen Vorspeisen, zu denen als Brot immer die bleistiftdünnen, langen und knusprigen *grissini* gereicht werden.

Und schließlich die Nudeln mit 21 Kräutern, die jeden Morgen vom Sohn frisch gepflückt werden. Und der Onkel stellt noch eine fast in Vergessenheit geratene Spezialität her, die *mostarda d'uva*. Das ist unvergorener Traubenmost, der 14 Stunden lang bei kleiner Hitze eingekocht wird und als herzhafte, fruchtige Sauce hervorragend zur großen Fleischplatte des *bollito misto*, zum Toma, aber genauso zu einer *panna cotta* paßt.

Kaum jemand weiß, daß in der Ebene um Vercelli und Novara fast die Hälfte des italienischen Reises erzeugt wird. Heute werden Aussaat, Pflege und Ernte weitgehend von Maschinen bewältigt. Noch nach dem Kriege waren dafür Tagelöhnerinnen aus dem *Mezzogiorno* tätig. Natürlich beeinflußt der Reisanbau auch die Küche des Piemont, und die Köche hier wissen wohl ein gutes Risotto zu bereiten, aber Reis beherrscht die Küche hier trotzdem nicht so sehr wie etwa im Veneto. Hier hat die geheimnisvolle Trüffel das Sagen, und zwar während des ganzen Jahres. Die piemontesische Küche duldet keine Mittelmäßigkeit. Sowohl Zutaten als auch Zubereitung genügen höchsten Ansprüchen.

Bereits in früher Zeit brachten Griechen die ersten wertvollen Weine, später Rebstöcke und Pfropfreiser ins Piemont. Heute hat die Region allein vier DOCG-Zonen. Und viele große Winzer, die Piemonts königliche Rebe, die Nebbiolo-Traube, zu höchstem Ruhm brachten. Der Barolo ist die Krönung, ein schwerer und üppiger Wein. Der Barbaresco hat trotz seiner vollmundigen Fülle einen samtigen Abgang und der Gattinara ein betörendes Veilchenbouquet. Nicht zu vergessen der runde Barbera.

Risotti, Villen und wilde Kräuter

Weltberühmt ist Palladios Teatro Olimpico. Besuchen Sie bei Ihrem nächsten Halt in Vicenza aber auch einmal die geheimnisvollen Gestalten, die den Garten bevölkern.

Venetien und Ligurien

Venetien bietet den großen Flüssen Etsch, Brenta, Piave und Po Raum für ausgedehnte Flußbetten, die in den Ebenen für fruchtbare Felder und Gärten sorgen. Zum Teil tragen sie mehrere Ernten im Jahr. Ein Glück, denn die *terra ferma* (von Venedig aus gesehen), das Festland, mußte dieses Zentrum des Seehandels ja ernähren.

Im Veneto gibt es vieles zu entdecken, kulturell und kulinarisch. Um die eleganten Villen des Palladio, seine altertümliche Basilika in der Stadtmitte Vicenzas, die lebendig gegliederte Loggia del Capitano und die großzügige Villa Rotonda zu besuchen, haben wir oft in Trissino bei Vicenza ein sympathisches Quartier bezogen. Ein alter oberitalienischer Gutshof beherbergt die *Ca' Masieri* mit Hotel- und Restaurantbetrieb. Ein Schüler Carlo Scarpas hat sie, seines Meisters wirklich würdig, mit venezianischem Charme renoviert. Die Zimmer, der Service und vor allem das Essen sind vom Feinsten. Bei Gianfranco Minuz sollte man unbedingt *baccalà alla vicentina*, ein Klippfischgericht, *ravioli di pesce con salsa di gamberi* und die exquisiten *dolci* probieren. Und die breite Skala der ausgezeichneten heimischen Weine verkosten. Wenn wir über Thiene nach Norden fahren und die steile Anfahrt auf etwa 1000 Meter Höhe nicht scheuen, erreichen wir das Hochplateau der Sette Comuni. Auf dieser Hochebene der „sieben Gemeinden" liegt Asiago, wo der gleichnamige Käse erzeugt wird. Gleich am Ortseingang steht die moderne Genossenschaftskäserei, ein Paradies für Käsefreunde. Die Sette Comuni sind volkskundlich hochinteressant. Sie wurden im 12. Jahrhundert von bayerischen Holzarbeitern, den Cimbri, auf einer älteren Siedlung gegründet. Ihre Sprache war ursprünglich wohl ein deutscher Dialekt, der heute vergessen ist.

Entlang der Straße zwischen Marostica und Bassano lassen sich in einigen Dutzend Werkstätten schön bemaltes Keramikgeschirr und bezaubernde Früchtestilleben aus glasiertem Ton in handwerklicher Perfektion finden – neue Entdeckungen für den schön gedeckten Tisch. Immer wieder lesen wir im Vorbeifahren an einfachen Trattorien „Polenta e Soppressa". Das ist meist auf dem Grill angeröstete Polenta mit einigen Scheiben der weichen, dicken, fetten Wurst, die der

toskanischen Finocchiona ähnelt. In fast allen Restaurants werden *bigoli col anatra* oder *bigoli coi rovinazzi* angeboten. Das sind dicke, handgemachte Spaghetti aus dunklem Vollkorn- oder Buchweizenmehl mit Entenragout oder einer kräftig gewürzten Sauce.

Die Küche des Veneto ruht auf drei soliden Grundpfeilern: Reis, Bohnen und Meeresfrüchte. Es gibt unzählbar viele Reissuppen, die *primaverili*. Sie tragen den Frühling im Namen, weil sie gerade dann mit den verschiedenen Gemüsen der *terra ferma* frisch zubereitet werden können: mit grünen und weißen Spargeln, Erbsen, Zucchini, Wirsing, Kürbis, Tomaten, Fenchelknollen und Sellerie. Ohne Zweifel ist *risi e bisi*, Reis mit Erbsen, ein Höhepunkt der venezianischen Küche. Dieses Gericht ist das Bindeglied zwischen den Suppen, den Minestre, und den Risotti. Ein Risotto aus dem Veneto ist nämlich ganz anders als beispielsweise einer aus der Lombardei oder dem Piemont, er ist flüssiger, saftiger, cremiger. „Deve avere l'onda", wenn man den Teller langsam schwenkt, muß das Risotto wie eine Welle von einem Tellerrand zum anderen schwingen. Das wichtigste der Bohnengerichte ist *pasta e fagioli*, Nudeln mit Bohnen als Suppe. Man erzählt, daß dieses Gericht der Pasta überhaupt erst den Weg ins Veneto bereitet hätte. Es ist ein richtiges Bauerngericht. Pasta aus dem eigenen Korn, Bohnen

Der Prunk der großen Palazzi in der Gondelstadt bringt uns heute noch zum Staunen. Wer es sich leisten konnte, ließ sich von den besten Baumeistern seiner Zeit auch noch einen Landsitz errichten. Hier die Villa Pisani am Brenta-Kanal.

Nächste Doppelseite: Vernazza ist eins der Cinque Terre. Das sind fünf Dörfer im äußersten Süden der ligurischen Riviera, die bis vor einigen Jahren nur mit der Bahn, dem Schiff oder zu Fuß erreichbar waren.

Italienische Lebensfreude hat viele Gesichter. Dieser Bauer unterbrach einfach seine Arbeit, um ein paar Worte mit dem Fremden zu wechseln.

vom Feld oder zwischen den Rebreihen gepflückt, gehören zu den gewohnten, eigenen Produkten und fordern hungrige Esser. Daß die Verdoppelung der Kohlenhydrate sättigt, ist eine uralte bäuerliche Erfahrung. Also das richtige Essen nach vielen Stunden Feldarbeit oder einem Tag Netze einholen.

Im Veneto wird vieles nach alten Rezepten gekocht, manche gehen bis auf die Antike zurück. Gewürzzutaten wie Korinthen, Zimt, Nelken, Pinienkerne und Pistazien haben hierzulande eine lange Tradition und erinnern an die alte, große Zeit Venedigs als See- und Handelsmacht.

Vom Gardasee kommen dazu der beliebte Bardolino, von den nördlichen Bergen um Verona der Valpolicella, von den Bergen um Treviso der Prosecco und aus den Ebenen der weiche Merlot.

In einem großen Bogen spannt sich Ligurien wie eine Mondsichel von Ventimiglia über Genua bis Carrara. Dort deckt vor allem das Meer den Tisch. Fisch wird in allen nur vorstellbaren Varianten zubereitet, als Salat, *cappon magro*, geschmort mit Tomaten und frischen Gemüsen als *triglie alla genovese*, *pesci in umido* und *burrida*, fritiert als *pesci fritti all'agliata* und als Suppe, die *ciuppin*. Da es auf dem schmalen Küstenstreifen keine weiten, fetten Weiden gibt, wird kein Großvieh gehalten, nur Ziegen, Kaninchen und Hühner. Deshalb gehören Butter und Sahne auch nicht zu den Zutaten der bodenständigen ligurischen Küche. Dafür gibt es hier Olivenbäume, von deren Früchten ein ausgezeichnetes, feines Olivenöl mit zartem Aroma erzeugt wird. Die Gärten für Obst, Gemüse und vielerlei Kräuter sind entlang den Steilküsten terrassenförmig angelegt. Manche Kräuter finden wir nur in Ligurien, zum Beispiel Borretsch. Viele davon werden hier in die Pasta eingewalzt. Die meistverwendeten Pastasorten sind *trenette*, *lasagne* und *trofie* und natürlich *ravioli di magro*. Das italienische „*di magro*“ heißt einfach, daß Gemüse, Reis oder Fisch, aber kein Fleisch verwendet wurde. Wichtige Bestandteile der bekanntesten ligurischen Würze, dem *pesto*, sind Öl, Basilikum, Knoblauch, Pinienkerne und Käse. Mit Pesto werden alle Suppen, wird Pasta, Gemüse, Fisch und Fleisch gewürzt. Von der Provence her kommend, ist er entlang der Riviera di Ponente dunkel und kräftig im Geschmack. Je weiter

wir nach Genua reisen, um so zartwürziger wird sein Aroma, und seine Farbe wechselt zu hellerem Grün.
Eine andere Spezialität sind die herzhaften Kuchen aus Blätter- oder Mürbteig, gefüllt mit Gemüsen, Fisch oder Fleisch (schließlich sind auch die französischen *quiches* nicht weit). Der bekannteste ist die *torta pasqualina*, der zu Ostern gebacken und mit Quark, Mangold oder Artischokken, Eiern, Semmelbröseln und Käse gefüllt ist. Schon früh am Morgen wird auf den Straßen die *farinata* verkauft. Das sind mit Olivenöl bestrichene und im Holzbackofen ausgebackene Fladen aus Kichererbsenmehl. Zu den zahlreichen Vorspeisen wird meistens *focaccia* angeboten, ein Fladenbrot aus Hefeteig, gewürzt mit Zwiebeln, Salz, Käse und Olivenöl. Der Name kommt übrigens von *focus,* der Brennstelle, an der sie auf einem heißen Stein gebacken wurde.
Ein gängiges Vorurteil besagt, die Ligurer seien geizig, ja, man bräuchte zwei Ligurer für einen Schotten. Wir meinen, sie sind sparsam, vielleicht ist Ligurien deshalb auch eine der wohlhabendsten Regionen. Und sie haben eine schlanke Küche entwickelt, die Kräuterwürze und Frische schmecken läßt.
Das Weingebiet der Terrassen an den Steillagen der Cinque Terre und um Imperia ist sehr begrenzt. Es reicht gerade für den Eigenbedarf an weißen Weinen zu den köstlichen Fischgerichten.

Kräuter und Oliven sind zwei tragende Säulen der ligurischen Küche. Beides gedeiht auf steilen Terrassen, oft direkt über dem Meer.

Fettes Land und alte Gelehrsamkeit

Reis braucht reichlich Wasser, Wärme und Sonne. All das bietet die Poebene im Süden der Lombardei.

Lombardei und Emilia-Romagna

Große Gebiete zwischen Po, Adda und Serio waren ursprünglich Sumpfland und wurden erst ab dem 12. Jahrhundert von Zisterziensermönchen entwässert, die weiten Ebenen durch ein großzügiges Kanalsystem mit Wasser versorgt und erschlossen. Auch Leonardo da Vinci war an diesem Projekt beteiligt, das über 300 Jahre in Anspruch nahm. Damit begann das Wachstum der lombardischen Städte. Bergamo, Brescia, Mantua, Pavia und Cremona wurden Zentren der kulturellen und landwirtschaftlichen Entwicklung. Ab dem 15. Jahrhundert begann ein Sforza-Herzog mit dem Reisanbau.

Wenn wir in der sommerlich brütenden Hitze zwischen Mantua und Reggiolo die riesigen landwirtschaftlichen Flächen mit Zuckerrüben, Weizen, Mais, Bohnen, Gemüse und Obst und die Güter mit Rinderzucht, Schweinehaltung und Hühnerfarmen rechts und links der Autobahn vorbeihuschen sehen, riechen wir nicht nur das Vieh, sondern auch das Getreide. Wir entdecken entlang der Straße außerdem viele Reisfelder. Reis ist zu einem bedeutenden Wirtschaftsgut der Lombardei geworden. Ebenso ist es mit der Fleischerzeugung und mit der Milchproduktion. Durch das reichlich vorhandene Wasser gibt es genügend Grünfutter für die Kühe, fast das ganze Jahr über.

Allen lombardischen Provinzen sind in ihrer Küche einige Grundzutaten und Vorlieben gemeinsam. Es wird viel mehr Reis als Pasta gegessen, Polenta aus Maisgrieß ist ein wichtiger Bestandteil des Essens, statt mit Olivenöl wird hauptsächlich mit Butter gekocht, zum Binden von Saucen und Abrunden der Aromen wird viel Sahne verwendet, kein Abendessen ist komplett ohne Käse. Man sagt, er „wäscht den Mund". Die Lombardei ist die Heimat berühmter Käsesorten: Gorgonzola, Bel Paese, Robiola, Taleggio und Mascarpone werden hier erzeugt. Die Milchprodukte sind alle ausgezeichnet. Ebenso ist das Fleisch durch die Fütterung mit hervorragendem Mais und Weizen aus eigenem Anbau fest, aber zart und sehr saftig. Und die Lombarden essen gerne und reichlich Fleisch. Mit viel Kreativität verbinden sie außerdem die ausgezeichneten Produkte ihrer Region zu eigenständigen Gerichten. Dies aber sicher nicht

weil sie sich, wie man sagt, zu wenig Zeit zum Essen nehmen und deshalb Vorspeise, Suppe, Hauptgericht und Beilagen gleich zusammen auf einem Teller haben wollten. Die Freude am Verbinden zeigen auch die Leibgerichte der Mailänder, zum Beispiel der *ossobuco con risotto milanese*, geschmorte Kalbshaxenscheiben mit Mailänder Risotto oder die *cassoeula*. Dazu werden Schweinerippenspitzen, Würste, Speckschwarte, Schweinsfüße, Schweinsohr, Wirsing, Sellerie, Karotten, Zwiebeln, Butter, Olivenöl, Weißwein und Tomatenmark miteinander gekocht und pikant gewürzt. Bekannte Spezialitäten sind noch *busecca*, eine Suppe aus Kalbskutteln, Parmesan, Gemüsen und Gewürzen, oder *costoletta alla milanese*, paniertes Kalbskotelett am Knochen.

Die Lombardei ist die seen- und flußreichste Landschaft Italiens. Aus den oberitalienischen Flüssen, dem Lago Maggiore, dem Comer See und dem Gardasee gelangen frische Forellen, Hechte, Barsche, Schleien, Aale und Agoni, eine Alsenart, in kürzester Zeit auf die Tische der Fischhändler der großen Märkte. Im Po werden noch Störe gefangen. Hügelige Zonen für den Weinbau machen nur etwa ein Achtel der Gesamtfläche aus. In der Franciacorta erzeugt das Gut *Ca del Bosco* einen der besten Schaumweine. Das Veltlin mit seinen Nebbiolo-Weinbergen im Adda-Tal am Südhang der Bernina ist in punkto

Die Piazza del Comune in Cremona lädt unter Arkaden zum Verweilen ein.

Nächste Doppelseite: Mailand wird regiert von Tempo und Business. Der alles überragende Dom zählt zu den größten Sakralbauten der Welt.

MM

Fette Weiden sorgen in der Emilia-Romagna für gute Milch und feine Butter, die in der Küche dann auch großzügig verwendet wird.

Wein eine besondere Provinz. Feurige Rotweine mit großem Volumen wie der Sassella, Grumello oder Inferno werden hier gekeltert. Hier pflegt man auch noch eine fast ausgestorbene Alpenküche mit besonderen Würsten wie *bondiola*, einer Salamiart oder *mortadella di fegato*, einer Mortadella mit Schweineleber, Speck, Schweinefleisch, Kalbfleisch und verschiedenen speziellen Gewürzen. Nach dem Salzen und Würzen folgt noch das Marinieren in Veltliner Rotwein. Die Rotweinmarinade gibt auch der *bresaola*, einem leicht gesalzenen und getrockneten Rindfleisch, das besondere Aroma. Bresaola wird hauchdünn aufgeschnitten und mit wenig Zitronensaft und etwas Olivenöl als Vorspeise gereicht. Wie in Südtirol wird auch im Veltlin häufig die Pasta wie etwa *pizzoccheri* aus *farina di grano saraceno* oder *fraina* hergestellt. Pizzoccheri sehen ähnlich wie Spätzle aus und werden zusammen mit Wirsing, Kartoffeln, Butter, Salbei und Knoblauch zubereitet.

Das Mitbringsel aus der Lombardei ist der *panettone* zu Weihnachten oder die *colomba* zu Ostern. Das sind wunderbar leichte und mit vielen kandierten Früchten gewürzte Hefekuchen, jeweils in einer speziellen Form gebacken. Und obwohl wir ein gutes Rezept haben, so schön wie ihn die Mailänder Konditoren backen, wird er bei uns nie. Machen Sie's eben wie wir, bringen Sie ihn als Überraschung mit.

Die Emilia hat ihren Namen von der Via Emilia, die 187 v. Chr. fertiggestellt, Rom mit seinen nördlicheren Provinzen möglichst geradewegs verband, so daß Waren, Nachrichten und Militär rasch ihr Ziel erreichen konnten. Die emilianischen Städte Parma, Reggio nell'Emilia, Modena und Bologna sind städtebaulich, kulturell und wirtschaftlich von hoher Bedeutung. In einer Linie, wie am Rosenkranz aufgereiht, liegen sie an der alten römischen Straße. Die Hauptstadt der Emilia-Romagna, Bologna, hat zwei Beinamen. Einmal heißt sie „la dotta“, die Gelehrte, denn hier steht die älteste Universität Europas. Dante und Kopernikus haben hier studiert. Den anderen, eher kulinarischen Beinamen „la grassa“, die Fette, trägt sie mit besonderem Stolz. Denn die Emilia-Romagna ist ein Land, das mit beiden Händen aus dem Vollen schöpft. Es gehört mit seinen großen Ebenen, die durch den Po

Parmigiano Reggiano darf nur aus der würzigen Sommermilch gekäst werden. Gut ein Jahr später kommt er mit dem Zusatz „fresco“ in den Handel. Nach zwei Jahren Lagerung kann man ihn als „vecchio“ bezeichnen und in der Küche oder am Tisch zum Würzen verwenden.

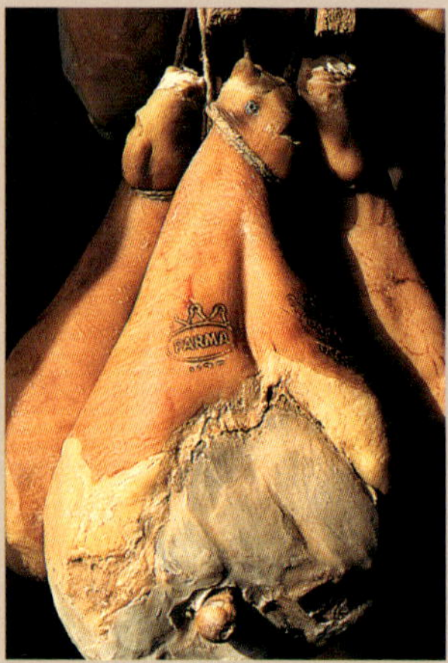

Die Keulen für den echten Parmaschinken stammen von ganz bestimmten Schweinen aus festgelegten Zuchtgebieten. Sie werden mehrfach eingesalzen und dann mindestens ein Jahr lang an der Luft getrocknet und gereift.

Seite gegenüber: Der Name Mortadella soll aus „mortaio della carne di maiale“, also Schweinefleischmörser, entstanden sein. Wie dem auch sei, die riesige Wurst kann über 100 Kilogramm auf die Waage bringen und muß ganz dünn aufgeschnitten werden.

und die Apennin-Zuflüsse über genügend Wasserreserven verfügen, zu den fruchtbarsten Regionen Italiens. Es gibt eigentlich alle Lebensmittel in Hülle und Fülle: Getreide und Mais, Gemüse und einen paradiesischen Obstsegen, Wein, Rindvieh, alle Milchprodukte, Schweine, Schinken und Würste. Und an der Adriaküste werden Fische und Meeresfrüchte angelandet.
Die Region hat früh erkannt, daß die Produktion von Qualitätsprodukten wirtschaftlich ertragreicher ist als eine Steigerung der Mengen. Es wird nicht nur Schinken erzeugt, sondern der beste, *prosciutto di Parma*, Parmaschinken, und *culatello*, das Herzstück des Schinkens. Nicht nur Käse, sondern der wertvollste in Italien, Parmigiano Reggiano, Parmesan-Käse. Und aus den Trauben wird *Aceto balsamico tradizionale di Modena* gewonnen, der feinste, viele Jahre gelagerte Würzessig.
Es ist aber nicht nur eine wirtschaftliche Entscheidung, sondern eine Entscheidung für die Lebensqualität, die auch in der emilianischen Küche spürbar wird.
Die Region ist berühmt für ihre *tortellini*, gefüllt mit allen denkbaren Köstlichkeiten, mit Ricotta und Kräutern, Hühnerklein, Wild, Schweinefleisch, Spinat und Käse. Und auch die typische Sauce ist nicht irgendeine.
Bologna bietet die *alla bolognese*, mit Fleisch oder Fleischbällchen, ein mit Sahne zusätzlich verfeinertes *ragù*.
Die Küche der Romagna ist etwas anders. Sie kennt mehr Kräuter als Fett, sie benutzt den Grill im Kamin statt der Pfanne und liebt Fische und Meeresgetier. Von Comacchio, der Bucht unterhalb der Po-Mündung, kommen frische, junge Aale. Für *anguilla allo spiedo* werden sie mit Lorbeerblättern gewürzt und am Spieß gebraten. Man bereitet auch Fleischgerichte hauptsächlich am Spieß zu.
Drei Traubensorten bestimmen in der Hauptsache die Weine der Emilia-Romagna. Die Albana di Romagna, die heute für DOCG-Weine gut ist, die Sangiovese di Romagna und die Lambrusco-Traube, deren moussierender Wein durch manche schlechte Kellerprodukte ihr Ansehen nicht gerade gefördert hat. In Dozza, einem kleinen Ort zwischen Bologna und Imola, ist im Castello die *Enoteca Regionale Emilia-Romagna* untergebracht. Dort können viele Weine verkostet werden.

ALCISA
INDUSTRIA

Viel Brot, Wald und Gefülltes

Beim Palio in Siena siegt nach drei Runden das Pferd, das zuerst das Ziel durchläuft – mit oder ohne Reiter.

Toskana, Umbrien und Marken

Die Küche der Toskana ist durch und durch ländlich, und das im besten Sinne, auch wenn sie in Florenz serviert wird. Das Ursprüngliche ist den Toskanern wichtig. Gemüse aus dem eigenen Garten, Hühner vom eigenen Hof: Herkunft, Wachstum und Qualität müssen überprüfbar sein. Schon im Mittelalter hatte fast jede senesische Familie ein kleines Landgut oder wenigstens einen Garten mit Häuschen draußen vor der Stadt. Und das ist heute auch noch so. Zum Braten, zum Schmoren und um Aroma zu vermitteln, wird das eigene Olivenöl oder das vom Nachbarn verwendet. Davon wird über das gegrillte Fleisch, den Fisch oder das Gemüse gerade mal „ein Faden" gegossen, nein, geträufelt. Fast jede ländliche Küche der Toskana verfügt über einen offenen Kamin oder einen Grill. Denn außer dem *sugo*, der geschmort wird, und ein paar wenigen Fleischgerichten werden Fleisch und Fisch nur mit duftendem Reb-, Kastanien- oder Eichenholz auf der offenen Glut gegrillt oder am Spieß gebraten. Das Olivenöl wird immer erst *nach* dem Garen zugegeben. Das gilt auch für das berühmteste Fleischgericht, die *bistecca fiorentina*, die in der Toskana nur *bistecca* heißt. Das große T-Bone-Steak, etwa fünf Zentimeter stark, muß vom Chiana-Rind stammen. Überhaupt ist es ein lehrreiches Vergnügen, dabei zu sein, wenn ein Toskaner, vielleicht ein Bauer, beim Metzger oder im Gemüseladen einkauft. So habe ich gelernt, wie man die Qualität eines Produktes erkennt. Bei der Melone durch Riechen am Stielansatz, beim Pecorino durch Prüfen der Festigkeit und Reife durch Fingerdruck oder mit der Nase, beim Fisch durch Kontrollieren der Kiemenfarbe. Und es schert keinen Menschen, wenn ein Schild angebracht ist „Non toccare le merce!": Waren nicht berühren! Die Händler entgehen dieser Prüfung mit Nase oder Händen nur, indem sie dem Kunden sofort ein Stückchen Käse zum Probieren anbieten. Es gibt hier, außer den *pappardelle*, noch viele andere Pastaformen und -arten. Und es gibt ausgezeichnete Risotti. Aber am liebsten essen die Toskaner zu Fisch und Fleisch vom ungesalzenen Brot. Und sogar in die Gemüseeintöpfe werden zuerst Brotscheiben eingelegt und dar-

auf die herzhafte Suppe mit allen Einlagen angerichtet. *Minestra* und *zuppa* heißt zwar in vielen Fällen Suppe, aber in Wirklichkeit sind's herzhafte Eintöpfe, zum Beispiel die berühmte senesische *ribollita* oder *zuppa di pane*, ein Bohnen-Kraut-Eintopf, oder die *zuppa di pesce*, eine Fischsuppe, die mehr aus Fischstücken als Brühe besteht. Wichtig für Toskaner sind Hülsenfrüchte, Bohnen vor allem, aber auch Kichererbsen und Linsen. An der langen Küste zwischen Carrara und Monte Argentario werden naturgemäß viele Gerichte mit Fisch und Meeresfrüchten gekocht, aber eines davon, der *cacciucco alla livornese*, eine kraftvolle Fischsuppe aus Livorno, muß man in jedem Fall probieren.

An einem warmen Sommerabend reicht die erfrischende und leichte *panzanella*, der gekühlte toskanische Brotsalat, gut zur Sättigung. Es sei denn, Sie wollen mit Freunden toskanisch tafeln, dann probieren Sie's im *Albergaccio* in Castellina in Chianti. Sonia Visman und Francesco Cacciatore bieten Vielfalt und Ehrlichkeit der toskanischen Küche, ein bißchen leichter als gewohnt, aber mit der vollen Tiefe der toskanischen Aromen und Kräuter. Die Atmosphäre ist heiter, das Ambiente gepflegt, ohne steif zu sein. Und alle großen Weine der Toskana, auch die sehr seltenen, liegen im gut sortierten Weinkeller für die Gäste bereit – zu wirklich moderaten Preisen.

Die Piazza del Campo in Siena füllt sich zweimal im Jahr zum Palio randvoll mit Menschen. Jeweils zehn ausgewählte Stadtbezirke, die „contrade", schicken ihr Pferd in ein Rennen, das für alle Beteiligten ebenso bedeutsam wie gefährlich ist.

Die Bezeichnung D.O.C.G. steht seit 1984 für „Denominazione di origine controllata e garantita“ und verspricht die Herkunft der Trauben aus einem bestimmten Gebiet. Als diese kostbaren Tropfen eingelagert wurden, existierte sie noch nicht, war vielleicht auch noch nicht nötig.

Die Toskana mit ihrer lebendigen und vielfältigen Gartenlandschaft, den Bergen, Seen, Hügeln und dem langen Küstenstreifen am Tyrrhenischen Meer hat auch im Weinbau in den letzten zehn Jahren Spitzenerzeugnisse entwickelt. Als einzige Region Italiens verfügt die Toskana über fünf DOCG-Zonen: Brunello di Montalcino, Chianti, Vernaccia di San Gimignano, Vino Nobile di Montepulciano und Carmignano.
Die typischen Käse der Toskana sind Ricotta, ein Frischkäse und Pecorino in den verschiedenen Reifestufen. Beide werden aus Schafmilch hergestellt, manche heute noch von sehr kleinen Käsereien oder Schafhirten, und das in außergewöhnlicher Qualität.
Zum Abschluß eines Menüs reichen die Toskaner ein Gläschen Vin Santo und *biscottini di Prato*. Der leicht süße, aber trockene Dessertwein ist der Stolz jedes Weinbauern. Die meist weißen Trauben werden etwa bis Weihnachten auf Strohmatten getrocknet, erst dann gemaischt und reifen einige Jahre in kleinen Fäßchen auf dem Dachboden.
Die Mandelbiskuits, die dazu angeboten werden, tunkt man in den Wein hinein. Vielleicht beschließen wir unser Essen aber auch mit einem Stückchen *panforte di Siena*, dem habhaften, honigsüßen Gebäck aus Mandeln und vielen kandierten Früchten, dessen Rezept seit dem Mittelalter überliefert ist.
Umbrien liegt zwischen der Toskana und den Marken. Es ist die einzige Region in Mittel- und Süditalien ohne Küste, ohne Anschluß ans Meer. Aber seine Städte und Dörfer liegen in einem Meer von Wäldern und Wiesen, und im Herz der Region hat es Flüsse, Bäche, kleine und größere Seen. Der größte ist der Trasimenische See. Wenn wir die Autobahn in Richtung Rom fahren, sehen wir südlich des Monte Amiata hoch über den umliegenden Feldern und Hügeln Orvieto mit seinem Dom auf einer riesigen Kalksteinplatte. Aber auch Perugia, Spoleto, Norcia und Assisi sind einen Besuch wert. Überall gibt es bedeutende Kunst, aber sie ist intimer als etwa in Florenz, mehr eingebettet in Gesellschaft und Umgebung. Assisi ist ein Beispiel dafür. Und die ursprüngliche Freundlichkeit des heiligen Franziskus wirkt bis heute nach in der umbrischen Einstellung zur Natur und dem Umgang miteinander.
In der Küche Umbriens spielt das

Der Chianti Classico wird aus verschiedenen, genau festgelegten Traubensorten gekeltert. Das Castello di Brolio, seit über hundert Jahren im Besitz der Barone Ricasoli, spielte in seiner Entwicklung eine nicht unbedeutende Rolle.

Nächste Doppelseite: Umbrien, das grüne Herz Italiens, bietet neben zahlreichen kulinarischen Kostbarkeiten auch atemberaubendes Panorama. Wir sehen hier den Ort Castelluccio. Im Hintergrund erhebt sich der Monte Vettore.

Die Umbrer sind seit dem Mittelalter für ihre hervorragenden Fertigkeiten und Kenntnisse in Sachen Wurst und Fleisch, vor allem vom Schwein, bekannt. Kulinarisches Zentrum der Region ist Norcia, auch wegen der jährlich stattfindenden Trüffelmesse.

Schwein eine wichtige Rolle, das beginnt schon mit der *porchetta*, dem mit Kräutern und Gewürzen gefüllten und am Spieß gebratenen Spanferkel. Das Rezept soll übrigens noch aus etruskischer Zeit stammen. Für alle Arten von Salami und guten Würsten ist Norcia berühmt und so bekannt, daß die Hausmetzger in Italien *norcino* genannt werden und in vielen Städten heißen die Fleischereien *norceria*. Machen Sie sich selbst das Vergnügen und steigen die steile Straße hinauf zum Domplatz in Todi. Dort kann man viele Würste, *coppa*, *pancetta, guanciale* und *prosciutto nostrano* einkaufen, wie in der guten alten Zeit.

Im Herbst schwärmen alle Feinschmecker von den aromatischen weißen Trüffeln aus Alba im Piemont, für die es dort sogar eine eigene Messe gibt. Aber kaum einer weiß, daß der größte Umschlagplatz in Umbrien liegt, in Sant'Anatolia di Narco, zwischen Spoleto und Norcia. Hier werden jedes Jahr etwa 120 Tonnen weiße Trüffel verkauft oder verarbeitet. Viele kommen aus der Gegend. Deshalb spielen weiße und schwarze Trüffel eine wichtige Rolle in der umbrischen Küche.

Obwohl in Umbrien Rinder gezüchtet werden, findet Butter in der Küche kaum Verwendung. Das wundervolle gelbgrüne Olivenöl mit dem feinen, nussigen Aroma paßt gut zu allen Fleisch-, zu Wild-, Fisch- und Gemüsegerichten.

Zum Dessert könnten wir in Perugias berühmter Pasticceria *Sandri* auf dem Corso Vanucci ein paar Gebäckstücke genießen, *pignoccate*, Pinienkerne in hell karamelisiertem Zucker auf Oblaten, oder eine süße Pizza, *pizza dolce*, mit Wein und Zitronenschale gewürzt.
Zwei DOCG-Zonen, Montefalco Sagrantino und Torgiano Rosso Riserva und die DOC-Zonen Orvieto und Colli del Trasimeno bieten die führenden Weine der heimlichen Trüffelregion. Meist ist aber der Erzeugername Lungarotti bekannter als die DOC-Bezeichnungen. Im Lungarotti-Restaurant *Tre Vaselle* in Torgiano kann man die ganze Breite von Torgiano Bianco und Torgiano Rosso probieren.
Wenn wir vom „goldglänzenden Ravenna“ südwärts die Küste entlang fahren, kommen wir nach Pesaro. Hier genießen wir den Markt und die vielen Möglichkeiten, wirklich Frisches aus dem Meer in vielen Variationen zu probieren. Ein Stück weiter am Meer entlang gelangen wir nach Ancona, der Hauptstadt der Marken. Man erzählt von ihr, die ganze Stadt sei umwölkt vom Duft des *brodetto all'anconetana*, einer sämigen Fischsuppe, in der mindestens 13 Fischarten enthalten sein sollen. 13 oder zehn, sei's drum, sie war ausgezeichnet. Genauso delikat sind die hauchdünnen *tagliatelle*, eine meist hausgemachte Nudelart aus Weizengrieß und Eiern. Dazu wird ein kräftiges *ragù* vom Schwein serviert. Alles, was verspeist werden kann, wird in den Marken gefüllt, sogar die Oliven – mit Speck, gemischtem Hackfleisch, Hühnerlebern, Parmesan und mit Muskatnuß und Zimt aromatisch gewürzt. So gestärkt müssen Sie die gut 30 Kilometer nach Urbino fahren und sich überraschen lassen, wenn die Silhouette des riesigen Palazzo Ducale auftaucht. Mit seiner Überschaubarkeit und dem klassischen Maß seiner Architektur ist Urbino ein beeindruckendes Erlebnis. Unter den Bürgerhäusern steht auch das bescheidene Geburtshaus des großen Raffael.
Was die Weine der Marken betrifft, scheint die Verdicchio-Rebe mit einem trockenen Weißwein für Fischgerichte Marktführer zu sein. Es sind aber nur zehn Prozent der Gesamterzeugung. Montepulciano und Sangiovese haben wesentlich größere Anteile. Heute ist der *Verdicchio dei Castelli di Jesi* sehr gut, vor allem zu Fisch.

Nach getaner Arbeit läßt man sich gern am Dorfplatz nieder. Gesellschaft stellt sich dann von selbst ein.

Ewige Stadt, kleine Teufel und Pizza

Die Hauptstadt ist Bühne und Podium für viele Arten von Künsten.

Latium, Abruzzen-Molise und Kampanien

Die Vulkanerde in Latium ist hervorragend für den Weinanbau geeignet. Entlang der Westküste gibt es zudem fruchtbare Ebenen für den Getreide- und Gemüseanbau. Auf den grünen Weiden der Hügellandschaft grast das Vieh für die Milch- und Käseerzeugung, die mittleren Höhen tragen silbrig-grüne Olivenhaine. Die Küche Latiums ist auch die Küche Roms. Sie hat sich im Lauf der Jahrhunderte gründlich gewandelt. Ursprünglich war es eine arme und phantasielose Küche. Rom als Hauptstadt des Staates und der katholischen Kirche sorgte für viele Einflüsse aus allen Regionen Italiens – und sogar fremder Länder. Daraus entstand im Verlauf der Zeit aber keine neureiche Küche. Die römische Tugend des Maßhaltens förderte vielmehr die schöpferische Umwandlung der eigenen Möglichkeiten und Produkte. Das führte zu einer guten Qualität der verbreiteten Hausmannskost, vor allem der Gemüse- und Pastagerichte, der Innereien und des Schweinefleischs. Man verwendet Schweineschmalz anstelle von Olivenöl, kocht kaum Reis, sondern viel lieber Pasta. Besonders geschätzt werden die kräftigen Rezepte, wie *spaghetti carbonara* oder *bucatini alla matriciana*. Die *rigatoni con pagliata*, kurze, dicke Makkaroni mit einer Sauce aus Rinder-, Lamm- oder Ziegeninnereien, Speck, Gemüse, Weißwein und Käse zeigen schon die Vorliebe der Römer für Innereien. Dasselbe gilt für *trippa alla trasteverina*, Kutteln mit Sugo oder *fegatelli di maiale*, Schweineleber, mit Fenchel gewürzt. Kräuter werden in Fülle verwendet: römische Minze, Poleiminze, Salbei, Pimpernell, Petersilie, Majoran, Basilikum, Sellerie, Lorbeer, Rosmarin und viele Wildsalate wie Rauke, Ackersalat, Zichorie, Brunnenkresse, Kapuzinerkresse, die jeden Morgen frisch gesammelt und auf dem Markt angeboten werden. Ein Vegetarier hätte es in Latium leicht, es gibt fast alle Gemüse, und sie werden auf vielerlei Art gut und schmackhaft zubereitet. Besonders beliebt sind Artischocken, Erbsen, Brokkoli, Saubohnen und *agretti*, ein Wildgemüse. Einige Rezepte sind uralt und stammen vermutlich noch aus dem jüdischen Ghetto in Rom, zum Beispiel *carciofi alla giudea*, Artischocken auf jüdische Art. Zum Abschluß eines Essens gibt es meist Pecorino romano,

ein Schafskäse, oder Provatura, das ist ein größerer Käse des Typs Mozzarella, also ein Brühkäse aus Büffelmilch. Und das Dessert, das sich vor allem bei Ausländern in Rom besonderer Wertschätzung erfreut, ist die *zuppa inglese*, eine Komposition aus Biskuitteig, Vanillecreme, Alchermeslikör, Rum und kandierten Früchten.
Latium ist das größte geschlossene Weinbaugebiet Italiens. Die hübsche Geschichte von einem Bischof Fugger, dessen Diener an jedes Gasthaus mit gutem Wein „EST" schreiben sollte, stimmt leider nicht. Aber der Name des Weines „EST! EST!! EST!!!", der die besonders hohe Qualität ausdrücken soll, ist allemal gut erfunden. Die einfachen, klaren, aber etwas flachen Frascati-Weine wurden inzwischen sympathisch verbessert.
Die Abruzzen sind quasi das Hinterland Roms. Von hier kamen und kommen noch heute Waren und Menschen für die Hauptstadt. Und sie sind das Naherholungsgebiet der Römer. Im Sommer willkommener Zufluchtsort vor dem feuchtheißen Klima der Großstadt, im Winter ein beliebtes Skigebiet. Das Gebirge erreicht eine Höhe von fast 3000 Metern. Die Gipfel sind während eines Großteils des Jahres schneebedeckt. Die riesigen unberührten Wälder und Weiten schützen in den 400 Quadratkilometern des *Parco Nazionale d'Abruzzo* noch Braunbären, Wölfe, Wildkatzen, Gemsen und Königsadler. Das kleine Städtchen

Die große Vergangenheit ist in Rom allgegenwärtig. Die imposanten Reste einer Statue Kaiser Constantins I. sind im Innenhof der capitolinischen Museen zu besichtigen.

Selten sieht man die Piazza di Spagna mit der berühmten Treppe und der Fontana della Barcaccia so still und verlassen.

Sulmona, Heimat des Dichters Ovid, ist ein idealer Ausgangspunkt für Ausflüge ins Gran-Sasso-Gebiet. Hier findet außerdem jedes Jahr zwischen Ende August und Anfang September eine landwirtschaftliche Leistungsschau statt, wo man die verschiedenen Erzeugnisse der Abruzzen probieren und kaufen kann. Vom Honig über Olivenöl bis hin zu Salami, die birnenförmigen Scamorza-Käse, Pecorino, Nudeln und natürlich Safran, der in mühevoller Arbeit aus den Blütenstempeln der Krokusse gewonnen wird. Auch wenn Sie zu einer anderen Zeit nach Sulmona kommen, gibt es Gelegenheit zu kosten und mitzunehmen: im *Bocconcino*, einem Feinkostgeschäft in der Via del Vecchio. Im *Ristorante Italia*, direkt zu Füßen des großen Ovid-Denkmals, kann man einiges auch schon zubereitet genießen.
Wie in den meisten Bergregionen, ist auch die Küche der Abruzzen deftig. Hier werden *capretti*, Zicklein, und Lamm von den Weiden des Gran Sasso oder der Maiella gebraten, und Käse wie Pecorino oder der *scamorza affumicata*, geräucherter Scamorza, probiert. Sie schmecken noch nach den Kräutern der Berg-

Das alte Neapel war eine der meistbesungenen Städte Italiens. In der Millionenstadt von heute findet man das, was man damals so bewunderte, nur noch mit Mühe.

wiesen. Nicht fehlen dürfen Bohnen, Linsen und Polenta, die den Hunger stillen und richtig satt machen, und natürlich die berühmten *spaghetti alla chitarra*. Hinzu kommt noch die wichtigste Zutat für alle Gerichte aus den Abruzzen, der *peperoncino*, das sind scharfe Peperonischoten. Damit würzen die Abruzzesi eigentlich alles Eßbare, und zwar sehr großzügig. Und weil die *peperoncini* wie ein Höllenfeuer im Mund brennen, heißen sie im abruzzischen Hauswortschatz auch *diavolilli*, eben „Teufelchen". Den Gästen empfiehlt man übrigens noch andere scharfe Sachen, wie etwa das Feuerwasser *centerba*. Diese Spezialität soll aus über 100 abruzzischen Kräutern destilliert sein.

Der giftgrüne Digestif mit über 80 Prozent Alkoholgehalt schmeckt mehr wie Medizin, aber er stellt uns selbst nach dem üppigsten Abendessen auch wieder auf sichere Beine.

Mitten in den dürren Hochflächen finden wir Rebparzellen, denen die Böden wohl zusagen, denn es wachsen gute Qualitäten von Montepulciano, Trebbiano und Sangiovese.

Schon Goethe war überwältigt von der Lieblichkeit Kampaniens, von der Üppigkeit ihrer Vegetation, dem Sonnensegen ihrer Landschaft und der überall schwingenden Heiterkeit, nicht nur des Klimas, sondern auch der Menschen. Sonnengereifte Tomaten wachsen hier und leuchtend grünes Gemüse, das auf der

Lavaasche des Vesuvs besonders gut gedeiht. Hier macht man Käse wie Provolone, Caciocavallo aus Kuhmilch oder den Provatura und den echten Mozzarella aus Büffelmilch, in runden Bällen: *bocconcini*, in Eiform: *ovoline*, oder in lustigen Zöpfen: *trecce*. Und auf den fruchtbaren Ebenen wird Hartweizen für das kernige Mehl zur Pastabereitung geerntet. Das sind wesentliche Bestandteile der Küche Kampaniens, einfach, aber von bester Qualität.
Pasta und Pizza sind die für Neapel und Kampanien typischen Gerichte, die wir in anderen Regionen so sicher nicht immer bestimmen konnten. Die Neapolitaner müssen sich deshalb, vor allem im Norden, manchmal den Spitznamen *mangiamaccheroni*, Makkaroni-Esser, gefallen lassen.
Nudeln werden im Süden Italiens immer aus Hartweizen und ohne Eier hergestellt, ob industriell oder im Haushalt. Bei den handgemachten muß der Nudelteig länger geknetet werden und nach dem Durcharbeiten etwas länger ruhen, damit sich der höhere Kleberanteil des Hartweizens richtig entwickeln kann. Dann schmecken diese Nudeln herzhaft-aromatisch nach Getreide und bilden mit der guten, einfachen Tomatensauce, der *salsa alla napoletana*, eine wundervolle Harmonie. Wichtig sind dabei die richtigen Tomaten: reife, längliche San Marzano.
Die zweite Spezialität Kampaniens ist die Pizza. Mit den Schnellgerichten aus den Imbißstuben, die wie ein bemalter Pappdeckel aussehen (und auch so schmecken), hat diese kampanische Delikatesse freilich außer dem Namen rein gar nichts gemeinsam.
Zum Dessert darf eine *pastiera napoletana*, der flache Kuchen aus Mürbteig, Quark, Orangeat, Zitronat und duftenden Gewürzen, oder ein Nußkuchen, *torta di noce*, nicht fehlen. Schöne Tage klingen gelassener aus mit *granita di caffè*, aber das wissen Sie ja.
Kampanien war in alter Zeit eine großartige Region für den Weinbau. Dann wurden Jahrhunderte verschlafen, heute machen Trauben und Wein nur noch fünf Prozent des landwirtschaftlichen Einkommens aus. Und die Hälfte davon sind in der Hand eines großen Familienbetriebs, *Mastroberardino,* in Atripalda. Dort wurde auch die Qualität der alten Weine wie Aglianico, Taurasi, Fiano und Greco di Tufo wiederbelebt.

Die Pizza schmeckt am besten in ihrer Heimat. Und kein Neapolitaner zweifelt auch nur im geringsten daran, daß sie hier erfunden wurde.

Trulli, Schweine und Zitronen

Das in der Zeit Friedrichs II. erbaute achteckige Castel del Monte mit seinen acht achteckigen Türmen ist eins der faszinierendsten Zeugnisse der Stauferzeit in Apulien.

Apulien, Kalabrien und Basilikata

Süditalien ist uraltes Kulturland. Aus allen Epochen der Geschichte finden sich Zeugnisse bis zum heutigen Tag, von den prähistorischen Höhlen und ersten Faustkeilen bis hin zu den Bauwerken der Griechen, Römer, Araber, Normannen und Staufer. Das Land trug viele Herren, die ihre jeweilige Kultur mit sich brachten. Aber der Süden Italiens hat immer seinen eigenen Charakter behalten. Apulien bildet Sporn und Ferse des italienischen Stiefels. In vielen Dörfern fühlt man sich fast nach Griechenland versetzt, so im kleinen Peschici, einer Stadt im Sporn, wo die weißgetünchten Häuser hoch oben auf dem steil ins Meer abfallenden Felsen kleben. Hier im Gargano findet man eng beieinander das Meer mit weiten, wundervollen Sandstränden, sanft ansteigende Felder mit ausgedehnten Olivenhainen und, wenn man sich auf den schmalen Sträßchen höher hinaufwindet, die Foresta Umbra, einen uralten, durch seine reiche und vielfältige Vegetation berühmten Wald. Bei Alberobello faszinieren die Trulli, Rundhäuser, die aus unbehauenen Steinen mit spitzen Kegeldächern aufgeschichtet sind, und heute noch bewohnt werden.

Die Ferse und der Absatz des italienischen Stiefels sind in vier Weinbauzonen geteilt: die Ebene im Norden, La Capitanata, die Ebene von Bari und das Zentralplateau, Terra di Bari und Le Murge, die flachen Hügel und Schluchten mit roter Erde im Trulli-Gebiet und die Halbinsel Salento. Bekanntester Wein ist der Castel del Monte. Die wohl angesehendsten Weine Apuliens produzierten Carlo de Corato bei Rivera in Andria und im Süden Leone de Castris.

Kalabrien formt die Fußspitze der süditalienischen Halbinsel. Im Sila-Gebirge bei Cosenza sind die Bergspitzen oft ein halbes Jahr schneebedeckt. Hier im Süden findet man eine fast skandinavisch anmutende Landschaft, mit Laub- und Nadelwäldern, unterbrochen von Bergwiesen, auf denen Kühe weiden, durchzogen von plätschernden Bächen und spiegelnden Seen. Doch geprägt sind Apulien und Kalabrien vom Meer und der Sonne. In den fruchtbaren Küstenstreifen gedeihen Obst und Gemüse in farbiger Vielfalt, sonnengereifter Fülle und Aromakraft. An der südlich-

In keiner anderen Region Italiens werden so viele Oliven geerntet und verarbeitet wie in Apulien. Aber auch Getreide, Gemüse und Wein gedeihen in der fruchtbaren roten Erde. Form und Bauart der Trulli, die heute noch bewohnt werden, gehen auf eine alte Tradition zurück, deren Ursprung nicht ganz klar ist.

An die 50 Sorten Gemüse soll es in Italien geben. Am besten ist, man kauft das, was gerade Saison hat, auf dem Markt. Gegen Durst helfen Melonen.

sten Spitze Kalabriens, direkt an der Meeresstraße von Messina, wurden die größten italienischen Zitronenplantagen angelegt und Zedratzitronen gepflanzt, zur Herstellung von Sukkade. Auf weiten Flächen wächst wertvolles Getreide für zwei wichtige Produkte der regionalen Küche, Weichweizen für Brot und Hartweizen für Pasta.

Brot ist in Süditalien Grundnahrungsmittel, weit mehr noch als im Norden. In jeder Form und Größe wird es hier gebacken. Berühmt sind die apulischen *taralli*, kleine Brotkringel, die früher als Vesper zur Arbeit mitgenommen wurden, die kalabrische *pitta*, mit Tomaten, Sardellen und Oliven zubereitet, oder das goldgelbe Brot aus Matera, das aussieht, wie mit Safran gefärbt. Und von hier kommt *puccia*, das köstliche Landbrot mit schwarzen Oliven, das wie das *pane pugliese* der italienischen Bäcker auch bei uns viele Liebhaber hat.

Was die Pasta betrifft, sind *orecchiette* weit verbreitet, kleine Teigstücke, in die mit dem Daumen eine Vertiefung gedrückt wird. Dazu kommen *cavatielli*, manchmal auch *strascenate* genannt, mit einer rauhen, geriffelten Oberfläche, und *fenescecchie*, die in Spiralform um eine Stricknadel gewickelt werden. Pasta, Gemüse oder gesalzene Ricotta waren die Nahrung für jeden Tag. Gab's zu den Nudeln noch Fleischragout, mußte es schon ein Festtag sein. An Werk-

tagen bestehen die Mahlzeiten meist nicht aus mehreren Gängen, sondern aus Gerichten wie der gefüllten *calzone*, oder der *puddica*, einer Gemüse-Kartoffel-Pizza. Die *frisedda* nehmen die Bauern mit aufs Feld. Diese Kringel aus geröstetem Brot werden mittags in frischem Wasser eingeweicht, ausgepreßt und mit Tomatenwürfeln, Oregano, Salz und dem guten apulischen Olivenöl gewürzt.

Die Halbinsel Kalabrien wird vom Aspromonte- und Silagebirge beherrscht. Eine Hochebene im Norden und im Osten eine Tiefebene geben Raum für die DOC-Weine Pollina und Cirò.

Eines Sonntags schlenderte ich durch die Straßen von Trani, einer Stadt an der apulischen Küste mit einer sehenswerten normannischen Kathedrale direkt am Meer. Außer mir war kaum ein Mensch unterwegs, als ich plötzlich eine Menge Leute an der Mole sah. Neugierig mischte ich mich unter die Zusammengelaufenen und entdeckte, daß sie sich alle um einen Fischer drängten, der frisch gefangene Seeigel mit einer Schere aufschnitt, mit ein paar Tropfen Zitrone würzte und unter die Wartenden verteilte. Es schmeckte köstlich frisch nach Meer. Fisch und Meeresfrüchte sind an der langen apulischen Küste im Überfluß vorhanden. Seezunge und Goldbrasse werden besonders geschätzt. Sie dürfen auf keiner Speisekarte fehlen. Auch Rotbarben werden in allen Größen

Die Zitrusfrüchte von den großen Plantagen an der Straße von Messina sind erst im Winter reif. Vielleicht weil man da das reichlich enthaltene Vitamin C so gut brauchen kann.

Seeigel verspeist man an der Küste oft gleich nach dem Fang aus der Hand. Frischer geht's wirklich nicht.

und auf vielerlei Arten einfallsreich zubereitet. Die Kalabresen lieben besonders Thun- und Schwertfisch.

Anders in der Basilikata. Da sie nur am Golf von Tarent und am tyrrhenischen Meer zwei schmale Küstenstreifen besitzt, ist ihre Küche nicht vom Meer geprägt, sondern ländlich und sehr gehaltvoll. Hier mußten die Menschen hart arbeiten, um dem überwiegend kargen Boden Nahrung abzugewinnen. Trotzdem spürt man in der Basilikata auch Einflüsse der apulischen und kalabrischen Küche. Mit den Kalabresen haben sie die Liebe zum mageren schwarzen Schwein gemeinsam, mit den Apuliern die zu Brot und Pasta.

Einen guten Einblick in die typische Küche der Nachbarn bekommt man im *Il Terrazzino* in Matera, das durch den Roman „Christus kam nur bis Eboli" von Carlo Levi bekannt wurde (Eine Dokumentationsstelle im Ort erinnert an den Autor). Vom *Il Terrazzino* aus hat man einen großartigen Blick über die *sassi*, die berühmten Höhlenhäuser. In diesem stimmungsvollen Ambiente kann man die kohlehydratreichen Spezialitäten der süditalienischen Küche probieren: *fave e ceci*, Bohnen und Kichererbsen, *fave e lampasciuni*, Bohnen mit den saftigen eingelegten Zwiebeln, und *orecchiette ai tre colori*, Öhrchennudeln in drei Farben, mit Tomaten, Parmesan und Rauke. Oder man versucht die schmackhaften Würste der Basilikata, die *luganighe*, die *soppressate* mit weichem Brät in der Art der Salami, und *gniummerieddi*, kleine, mit Kräutern und Pecorino gewürzte Rouladen aus Lamm- und Kitzinnereien. Etwas Besonderes sind *foglie d'uliva con rucola e pomodoro*, aus mit Spinat grün gefärbtem Nudelteig werden von Hand Olivenblätter geformt und mit einer Sauce aus Tomaten und Rauke angeboten, wunderschön anzusehen und sehr aromatisch.

Die Region mit den zwei schmalen Küstenstrichen betreibt noch fast mittelalterlichen Weinbau. Häufig sind die Weinberge nicht größer als ein Hektar und werden in mühsamer Handarbeit oder mit Hilfe eines geduldig vor dem Pflug einhertrabenden Esels gepflegt. Rund um den erloschenen Vulkan Monte Vulture wächst hauptsächlich die Aglianico-Rebe. Der Canneto ist eine Auslese von Aglianico-Trauben und wird im *barrique* ausgebaut.

Mandeln, Macchia und Meer

Waren seine Vorfahren Griechen, Römer, Vandalen, Goten, Araber, Normannen, Staufer, Spanier oder Habsburger? Sizilien kannte im wechselvollen Lauf der Geschichte viele Herren.

Sizilien und Sardinien

Auf Sizilien treffen sich die Einflüsse von Morgen- und Abendland. Bedeutende Hochkulturen waren auf dieser größten Insel des Mittelmeers zu Gast, sind dann entweder aus eigenem Antrieb weitergezogen oder wurden vertrieben. Alle haben sie eindrucksvolle Denkmäler ihrer Kunst und Architektur, ihrer Zivilisation und Eßkultur hinterlassen. Über 2000 Jahre wurde hier am Mittelmeer Weltgeschichte geschrieben. Mit Beginn des 1. Jahrtausends v. Chr. wanderten Phöniker ein, Griechen folgten ihnen und schufen Tempelbauten, die wir noch heute bewundern. Im 3. vorchristlichen Jahrhundert wurde die Insel römisch. Nach den Wandalen und Ostgoten eroberte Byzanz Sizilien, und im 9. Jahrhundert erhoben die Araber Palermo zur Hauptstadt der Insel und gründeten dort ein Emirat mit 300 000 Bürgern als eines der kulturellen Zentren der islamischen Welt. Sie entwickelten die Landwirtschaft durch raffinierte Bewässerungsanlagen, durch Anpflanzungen von Baumwolle, Zuckerrohr, Dattelpalmen und Orangen. Arabische Gewürze bereicherten das Spektrum der Aromen. Den Sarazenen folgten die Normannen. Sizilien ertrug alle und gewann als großer Schmelztiegel des Mittelmeerraums durch jeden, der sich hier niederließ. Auf wen welche Einflüsse in der Küche zurückgehen, ist Stoff für abendlange Dispute. Kamen Marzipan und *cuscusu* von Arabien, *stoccafisso* von den Normannen? Woher stammen die Nudeln? Je weiter wir nach Süden reisen, desto lauter wird das Lob der Pasta gesungen. Kein Wunder, schon die Römer nannten Sizilien die Kornkammer Italiens. Sein Getreide schmeckt völlig anders als das vom Festland. Angebaut wird vor allem Hartweizen. Das zähe und harte Korn wird zu einem kräftigen, schmackhaften Mehl vermahlen, oft so dunkel, daß wir es schon als Vollkornmehl bezeichnen würden. Es bindet sehr gut, deshalb werden Hartweizen- oder Hartgrießnudeln in Italien meist ohne Eier hergestellt. Sie sind bißfest, schmecken herzhaft kräftig und haben das volle Aroma des Korns. Gemüse in vielerlei Form und Fisch sind die Begleiter der sizilianischen Pasta: Auberginen, Artischocken, Tomaten, Sardinen, Thunfisch und der wertvolle Schwertfisch.

Noch heute versorgt die eigene Landwirtschaft Sizilien mit Getreide, Obst und Gemüse. Und die Tische und Karren auf den Märkten sind üppig mit den Produkten des Landes bestückt. Mit lautstarkem, fast orientalischem Singsang preisen die Händler in Palermo am Vucciria-Markt ihre Ware an. Darunter finden sich auch die großen Zedratzitronen, aus deren Schale Zitronat hergestellt wird. Jedes Jahr wird im Februar in Trapani das Mandelblütenfest gefeiert. Mandeln sind wichtig für das Marzipan, das hier seit sarazenischen Zeiten geschätzt wird. Ein wichtiger Exportartikel sind Haselnüsse, die auf den Küstenhängen angebaut werden. Sizilien ist das Land der Zuckerbäcker. Die *cassata* ist nur ein Beispiel. Sizilianische *pasticcerie* sind ein Genuß für alle Sinne. Sie sind mit Mandeln, Haselnüssen, Anis, Orangenblüte und *frutta candita* in allen Farben wunderbar geformt und verziert, betörend anzusehen und köstlich duftend. Dieser Duft wird für mich immer ein besonderes Merkmal Siziliens bleiben. Er wird aufs Vollkommenste ergänzt durch die Dessertweine, die durch ihre trockene Süße und Reife ein Erlebnis sind.
Sizilien hat wegen seines üppigen Rebbestandes und seiner riesigen

Fisch ist auch auf den Inseln ein teurer, aber deshalb nicht minder begehrter Genuß. Dieser Fischer aus Sciacca an der Südküste Siziliens kann sich heute über einen guten Fang freuen.

Eine Frau, die gut Brot backen kann, hat auch ein gutes Herz, meinen die Sarden. „Carta di musica“, also Notenblätter, heißt diese hauchdünne, knusprige Spezialität.

Anbauflächen heute eine hohe Bedeutung unter den Weinbau treibenden Regionen. Seit geraumer Zeit bauen die Kellermeister ausgezeichnete, duftige und komplexe Weine mit modernster Kellertechnik aus. Glücklicherweise gibt es trotzdem noch hochgerühmte Marsala- und Passitoweine von der westlichen Inselhälfte und den vorgelagerten Inseln.

Sardinien, die weitab vom Festland gelegene Insel zwischen dem ligurischen Landbogen und Tunesien ist etwas Besonderes, manchmal geheimnisvoll und dem Fremden häufig unverständlich. Wie auf Sizilien sind der Westteil, der Süden und Norden von fruchtbaren Ebenen gesäumt und durchzogen, durch natürliche Häfen zugänglich und mit reichen Fischgründen und Bodenschätzen gesegnet. Der Ostteil der Insel ist karg und arm, *macchia mediterranea*, ein Land der Hirten und Schafherden. Und obwohl sie schon hundert Jahre zu Italien gehören, sprechen die Sarden nicht italienisch, sondern sardisch. Sardinien wurde von vielen besetzt, wurde ausgebeutet und litt lange Zeit unter den Überfällen der Araber. Obwohl sie es nie ganz erobern konnten, hinterließen sie doch Spuren. In der sardischen Küche finden wir deshalb Zimt, Muskatnuß und die Duftwässer aus Orangen- und Rosenblüten zum Aromatisieren von Süßspeisen.

Sardinien scheint wie eine kleine Welt für sich. Von allem gibt's etwas: Meer, Flüsse, Berge und fruchtbare Ebenen. In der Macchia wachsen aromatische Kräuter, die bei Schafen und Zicklein für würziges Fleisch sorgen. An den Küsten werden Fische gefangen, und obwohl die Sarden eher Hirten und Bauern als Fischer sind, kommt etwas sehr Delikates von der sardischen Fischerei: *bottarga*, das ist der gesalzene, getrocknete und gepreßte Rogen der Meeräsche. Eine wunderbar mild-würzige Beigabe zu allen Pastasorten und zu Bruschetta. Auf dem Land wird das Wild leidenschaftlich bejagt. Hasen, Wildschweine, die bei uns fast ausgestorbenen Rebhühner und Wachteln sind hier in den Gegenden, wo viel Getreide angebaut wird, noch zu finden. Aus *grano* und *grano duro*, aus Weizen und Hartweizen, backen die Sarden besonders knusprige Brote (in Italien bedeutet *grano*, eigentlich Korn, immer Weizen). Und aus Hartweizen-

Mandeln findet man auf den Inseln in Form von Marzipan in vielen Süßspeisen und als kunstvoll geformte und eingefärbte Früchte. Aus der Milch von Ziegen und Schafen wird ein herzhafter Käse gewonnen, den man in ganz Italien schätzt.

Der Aperitiv in der Bar und dazu ein paar interessante Neuigkeiten, das ist die rechte Einstimmung auf eine schöne Mittagsmahlzeit oder die „cena“ zu Hause. Buon appetito!

grieß, Wasser und Safran formen sie eine typisch sardische Pasta, die *malloreddus*. Sie sieht aus wie kleine Gnocchi mit Rillen, damit die Sauce besser haftet. Unbedingt probieren muß man ein gerade briefblattstarkes, rundes Brot, die *carta da musica*, hauchdünn und kross, und das etwas stärkere *pane carasau*. Die sardischen Hirten sind erfahrene Käser. Ihre pikanten Käse, meist Schafskäse wie Pecorino sardo und Fiore sardo, sind für Kenner in ganz Italien ein Begriff. Wer den Genuß von Casu marzu, einem mit Schimmel in der Wärme gereiften, weichen und außergewöhnlich herzhaft riechenden jüngeren Pecorino, auf *carta da musica* genußvoll übersteht, wird bei den sardischen Hirten mit Sicherheit als standfester Feinschmecker betrachtet. Auf der großen Mittelmeerinsel ist der Weinbau sehr alt und im Lauf der Jahrhunderte haben sich vielerlei Rebsorten aus allen Ländern rings ums Mittelmeer eingefunden. Es werden heute noch Likörweine erzeugt, aber ihre Produktion geht zugunsten trockener Tischweine zurück. Hauptreben sind die spanische Cannonau, Vermentino, Malvasia und Vernaccia. Die Rebflächen sind gigantisch. Seit die Gemüsegärten und Felder bewässert werden können, bietet Sardinien auch viele Gemüsearten in hoher Qualität, vor allem Artischocken, Bohnen, Tomaten und Auberginen. Neben den Lämmern und Zicklein ist vor allem das Schwein der Fleischlieferant. Herrlich saftig schmeckt *porcheddu*. Das am Grill gegarte Spanferkel wurde nur mit Milch und später mit Getreide gefüttert. Nach dem Garen wird es mit Myrtenzweigen eine Weile zugedeckt, so daß es die kräftige Würze der Pflanze annimmt. Etwas ganz Besonderes ist die festtägliche Fleischzubereitung *al carraxiu* für Lamm oder Wildschwein. Dafür wird eine Erdgrube ausgehoben, mit würzigem Gesträuch ausgekleidet, das vorbereitete Schlachttier hineingelegt, wieder mit Kräutern und einer dünnen Erdschicht bedeckt und darauf ein langsam abbrennendes Feuer entfacht. In einigen Stunden ist der Braten gar und riecht betörend nach den Macchiakräutern und dem gebratenen Fleisch. Die Hoden des Schweinchens bekommen die Herren der Schöpfung ganz alleine vor dem großen Fest serviert. Alles hat seine Bedeutung auf Sardinien.

Totocalcio

Antipasti

Toskana/Umbrien/ Apulien

Röstbrot mit Knoblauch und Öl

5–6 Knoblauchzehen
etwa 12 EL natives Olivenöl extra, möglichst junges, fruchtfrisches
8 Scheiben Weißbrot mit Kruste, nicht zu dünn geschnitten
Salz
schwarzer Pfeffer

Eine süditalienische Variante:
Gewürfeltes Tomatenfleisch (möglichst von Flaschentomaten) aufs geröstete, mit Knoblauch eingeriebene Brot legen, ein paar in Streifen geschnittene Basilikumblätter dazu und wieder Olivenöl darübergießen. Mit Salz und schwarzem Pfeffer würzen.

Bruschetta
Es ist wichtig, alles gut vorzubereiten, denn nach dem Rösten des Brotes muß es schnell gehen. Bruschetta schmeckt nämlich am besten ganz heiß, direkt vom Kaminfeuer. Also, auf einem Küchenarbeitsbrett die geschälten Knoblauchzehen bereitlegen. In einem Ölkännchen oder einer Flasche, die gut gießt, das Olivenöl bereitstellen.
Im Kamin ein kräftiges Feuer mit aromatischem Holz entfachen, zum Beispiel mit Rebholz, Kastanienscheiten oder Holz von Obstbäumen. Wenn die Flammen erlöschen und eine weiße Ascheschicht die Scheite überzieht, die Brotscheiben auf einem Rost über die Glut legen. Wenn eine Seite gut geröstet ist, mit der Grillzange drehen und die zweite Seite rösten. Natürlich können Sie auch im Backofen auf dem Rost toasten, das ist sicherer, weil nichts durch Glut verbrennen kann, aber es fehlen nachher einfach die wunderbaren Holz- und Raucharomen.
Eine Seite jedes goldfarben gerösteten Brotes mit einer Knoblauchzehe einreiben. Das geht sehr gut, weil das krosse Brot wie ein Reibeisen wirkt. Dann schnell einen Faden Olivenöl aufs Brot gießen und mit Salz und grob gemahlenem schwarzem Pfeffer würzen.

Bruschetta, „fett'unta" oder „panunta", also geöltes Brot, ist biblisch einfach und dabei wie für Weinproben erfunden. Es wird in allen ländlichen Gegenden Italiens vor allem in der kalten Jahreszeit gegessen. Kräftig mit Knoblauch eingerieben, mit Salz und Pfeffer herzhaft gewürzt, ist es die einfachste Vorspeise, die man sich denken kann – obwohl das eigentlich nicht stimmt. Zwar einfach zu machen, aber anspruchsvoll in den Zutaten. Das Brot muß aus gutem Korn richtig aufgegangen und gebacken sein, eben „rustico". Und vor allem das Öl muß von bester Qualität sein, wie das noch leicht bittere Öl der neuen Ernte, „olio nuovo", kalt und schonend gepreßt. Besonders würzig schmeckt Brot, das am Kamin geröstet wurde. Wir riechen noch das Reb- oder Kastanienholz, den würzigen Rauch – und der dazugehörige Durst kann nur mit reifem Rotwein besänftigt werden.

Vorspeisen-Klassiker

MOZZARELLA, TOMATEN UND BASILIKUM
2 Kugeln (à 150 g) ganz frischer Büffel-Mozzarella
4–6 mittelgroße, feste Tomaten
12–15 Basilikumblättchen
4 EL natives Olivenöl extra
Pfeffer

Tip:
Wenn Ihr „caprese" etwas pikanter sein soll, einfach auf die Tomaten- und Mozzarella-Scheiben ein paar Tropfen Aceto balsamico tradizionale di Modena träufeln.

MELONE UND FEIGEN MIT SCHINKEN
1 duftende Zuckermelone
4–6 reife Feigen
150 g Rohschinken (San Daniele oder Parmaschinken)

MOZZARELLA, TOMATEN UND BASILIKUM
Insalata Caprese
Mozzarella und Tomaten in Scheiben schneiden. Auf einer Platte jeweils abwechselnd und überlappend eine Scheibe Mozzarella, eine Scheibe Tomate und dazwischen immer wieder ein Basilikumblatt anrichten. Mit Olivenöl beträufeln und mit frisch gemahlenem Pfeffer würzen.

Mozzarella der besten Sorte wird aus Büffelmilch gekäst. Es ist eine „pasta filata", ein gewickelter Käse, beim Aufschneiden noch an den Lagen der Wickelung zu erkennen. Und Mozzarella gibt's auch noch als schöne, geflochtene Zöpfe. Allerdings wird dieser Käse heute oft auch aus Kuhmilch hergestellt, er ist erheblich billiger, aber nicht so mild-aromatisch und samtweich wie jener „di bufala", der meist aus Kampanien oder der Maremma stammt.

MELONE UND FEIGEN MIT SCHINKEN
Popone e fichi con prosciutto crudo
Die Melone in Sektorenschnitze schneiden und die Feigen vierteln. Die Rohschinkenscheiben locker dazulegen. Alles auf einer Platte dekorativ anrichten.

Bei der Melone riecht man am Stielansatz oder am gegenüberliegenden Pol die duftende, süße Reife. Die müssen Sie kaufen! Die ohne den fruchtigen Duft schmecken nicht.
Und baumreife Feigen sollten leider ganz weich sein. Dann ist's beim Hineinbeißen das Erlebnis von südlichem, heißem Sommer. Suchen Sie aus dem schön gepolsterten Karton wenigstens die ansehnlichsten unter den weichsten aus, auch wenn Ihnen die etwas härteren optisch mehr zusagen sollten.

Knackfrisches Gemüse

GEMÜSEFONDUE MIT SARDELLENSAUCE
150 g Sardellenfilets
8 Knoblauchzehen
Salz
350 ml natives Olivenöl extra oder Walnußöl
80 g Butter

Zum Dippen:
z.B. Fenchelknollen, Paprikaschoten, Staudensellerie, junge Artischocken, Mohrrüben, Blumenkohl- und Brokkoli-Röschen, Chicoree und, wenn es gibt, Karden.

Tip:
Ist kein Walnußöl zur Hand, kann man ein paar enthäutete, gestoßene Nußkerne in die Sauce geben.

ROHE GEMÜSE IN OLIVENÖL
Pro Person:
etwa 150 g Gemüse, z.B. junge violette Artischocken, Fenchelknollen, Staudensellerie, Zucchini und grüner Spargel
6 EL natives Olivenöl extra
Salz
Pfeffer

GEMÜSEFONDUE MIT SARDELLENSAUCE
Bagna caôda
Zuerst die Sardellenfilets kurz in lauwarmes Wasser legen, damit der aggressive Salzgeschmack etwas abgeschwächt wird. Abtropfen lassen und auf Küchenkrepp trocknen. Dann 6 Knoblauchzehen mit einem Messer und wenig Salz auf dem Arbeitsbrett zu Mus zerdrücken, die restlichen 2 Knoblauchzehen in sehr feine Blättchen schneiden. Sardellen fein hacken.
Das Öl in einer kleinen Kasserolle erwärmen, es darf nicht zischend heiß werden. Die Knoblauchblättchen hinzufügen, etwa 15 Minuten leise köcheln lassen. Die Knoblauchblättchen sollen keine Farbe annehmen, sondern hell bleiben. Die gehackten Sardellen mit einem Holzlöffel im heißen Öl verrühren, bis sie sich auflösen. Das Knoblauchmus dazugeben, die Butter in der Sauce schmelzen und gut verrühren.
In ein Caquelon geben und auf dem Spirituskocher in die Mitte des Tischs stellen. Jeder Gast taucht mit der Gabel oder den Fingern das frische, länglich geschnittene rohe Gemüse in die heiße Sauce. Dazu paßt Weißbrot. Es saugt das heiße Öl gut auf.

ROHE GEMÜSE IN OLIVENÖL
Verdure al pinzimonio
Die Gemüse waschen und putzen. In schmale, längliche Streifen schneiden, so daß sie gut anzufassen sind. Auf einer Platte die herrliche Rohkostknabberei anrichten, an jedem Platz ein kleines Schälchen mit bestem Olivenöl zum Dippen bereitstellen und mit Meersalz und frisch gemahlenem Pfeffer würzen.

Pinzimonio wird im Gartenland Toskana mit dem besten, sanften Olivenöl und allen Gemüsen der Saison genossen. Bitte keine Salatsauce mit Essig anrühren! Olivenöl, Salz und Pfeffer schmecken viel besser und feiner. Wer's nicht glaubt, kann's ausprobieren.

Rohe Rinderlende mit würzigen Saucen

300–400 g gut abgehangene Rinderlende

Für die Senf-Sardellen-Sauce:
2 Sardellenfilets, fein gehackt
1 EL Salatmayonnaise
3 Spritzer Tabasco
Saft von ½ Zitrone
1 TL scharfer englischer Senf
1 TL grobkörniger Senf
Salz
weißer Pfeffer aus der Mühle

Für die Aceto-balsamico-Sauce:
100 g Steinchampignons oder Steinpilze
Saft von 1 Zitrone
2 EL Aceto balsamico
Salz
schwarzer Pfeffer aus der Mühle
6 EL natives Olivenöl extra
75 g junger Parmesan

Carpaccio
Das Rinderfilet von allem anhängenden Fett, der Haut und den Sehnen befreien. In Frischhaltefolie einwickeln und etwa 1 Stunde ins Tiefkühlfach legen. Die etwas angefrorene Rinderlende läßt sich besser schneiden und gut anrichten. In hauchdünne Scheiben schneiden und rasch auf einem Teller so anrichten, daß sich die einzelnen Scheiben überlappen.
Für die Senf-Sardellen-Sauce alle Zutaten mit dem Rührgerät gut vermengen und zum Carpaccio servieren.
Für die Variante mit der Aceto-balsamico-Sauce die dunklen Steinchampignons säubern und feinblättrig schneiden. Aus Zitronensaft, Aceto balsamico, Gewürzen und Olivenöl eine Sauce rühren. Den jungen Parmesan mit dem Trüffelhobel hauchdünn schneiden. Zuerst Sauce, dann Pilze und Parmesan auf dem Rinderfilet verteilen.

Im Venedig der 20er und 30er Jahre gab es einen berühmten Treffpunkt: Harry's Bar im Hotel Danieli am Canale Grande. Ernest Hemingway war dort zum Beispiel Stammgast. Und Harry's Bar spielt auch in dessen faszinierendem Buch „Über den Fluß und in die Wälder“ eine Rolle. Es gibt wohl kein anderes literarisches Werk, das so dicht und atmosphärisch präzis über die neblige Lagune, das Land und die Menschen dort berichtet. Der Gründer von Harry's Bar, Giuseppe Cipriani, der heute bekannten Hotels, nobler Pasta und feinen Marmeladen seinen Namen leiht, erfand für eine attraktive Dame, Amalia Nani Mocenigo, als strenge Fleischdiät das Carpaccio, immer begleitet von interessanten und pikanten leichten Saucen. Erfindungsreiche Köche unserer Tage verarbeiten nicht nur Fleisch, sondern auch Fisch und Gemüse zu Carpacci – und noch immer sind es die begleitenden Saucen, die diese hauchdünnen Scheiben zu etwas ganz Besonderem machen.

Aceto balsamico di Modena
Balsamessig aus Modena
250 ml ℮
6% Säure

Ligurien

Gefüllte Zucchiniblüten

24 männliche Zucchiniblüten
200 g mehlig-weich kochende Kartoffeln
100 g junge, schlanke Stangen- oder Buschbohnen
100 g Zucchini
6 Stengel Basilikum
etwa 20 Blättchen Majoran
2–3 Knoblauchzehen
Salz
weißer Pfeffer aus der Mühle
2 Eier
3 EL frisch geriebener Grana padano oder junger Parmesan
5–6 EL natives Olivenöl extra
1–2 EL Semmelbrösel
Fett für die Form

Fiori di zucchini ripieni

Die Zucchiniblüten in eiskaltem Wasser kurz waschen und im Salatsieb oder frischen Küchentuch trockenschleudern. Blütenstempel und Stengel abschneiden. Kartoffeln schälen und fein würfeln, Bohnen und Zucchini putzen und sehr fein hacken. Die Kartoffelwürfel weich kochen, die beiden anderen Gemüse im Sieb etwa 5 Minuten in siedendem Salzwasser blanchieren. Basilikumblätter klein zupfen, den Majoran und die Knoblauchzehen fein schneiden.

Die gekochten Kartoffeln pürieren, mit Kräutern, Knoblauch, Salz, Pfeffer, Zucchini, Bohnen, Eiern, geriebenem Käse und Olivenöl gut vermengen. Wenn die Masse noch etwas flüssig sein sollte, 1 bis 2 Eßlöffel Semmelbrösel daruntermischen. Die Zucchiniblüten damit füllen und die Blütenblätter oben zusammendrücken.

Die Blüten in eine ausgefettete Form setzen und mit Olivenöl beträufeln. Im vorgeheizten Backofen bei 240 °C, Gas Stufe 5, etwa 10 Minuten überbacken.

Die Küchen Italiens kennen viele Varianten für die Füllung der Zucchiniblüten. Dieses Rezept stammt aus Ligurien. Zum Füllen verwendet man die dotter- bis orangegelben, kraftvollen männlichen Blüten der Zucchini. Sie wachsen auf einem kräftigen Stengel an der rankenden Pflanze und leuchten richtig in der Sonne. Beim Vorbereiten werden sie unterhalb des Blütenbodens mit einem ganz kurzen Stück vom Stengel abgeschnitten. Die weiblichen Blüten finden wir auf der Gemüsefrucht, sie sind weicher und schmecken weniger gut.

Toskana/Umbrien
Apulien/Kalabrien
Kampanien

Dreierlei Crostini

PILZ-CROSTINI
300 g frische Steinchampignons
1 Handvoll Blattpetersilie ohne Stengel
1 Knoblauchzehe
½ Zwiebel
100 g Butter
3 EL natives Olivenöl extra
Salz
weißer Pfeffer
1 Schöpfkelle Gemüsebrühe
12 Scheiben Weißbrot mit Kruste (kein Toastbrot)

PROVOLONE-CROSTINI
8 Sardellenfilets
8 Flaschentomaten
8 Stengel Blattpetersilie
8 Scheiben apulisches Weißbrot
8 EL natives Olivenöl extra
200 g frischer Provolone in Scheiben

TOMATEN-KAPERN-CROSTINI
4 Sardellenfilets
8 Flaschentomaten
10 Stengel Blattpetersilie
2 EL in Essig eingelegte Kapern
4 EL natives Olivenöl extra
Salz
Pfeffer
8 Weißbrotscheiben

PILZ-CROSTINI
Crostini con funghi
Steinchampignons säubern und die Stiele etwas abschneiden. Pilze und Petersilie auf dem Arbeitsbrett grob, die Knoblauchzehe und die Zwiebel fein hacken. Einen Teelöffel Petersilie zurückbehalten. Ein Drittel der Butter mit dem Olivenöl in der Pfanne heiß werden lassen. Darin Steinchampignons, Blattpetersilie, Zwiebel und Knoblauch goldfarbig anschwitzen, bis die Flüssigkeit der Pilze verdampft ist. Salzen und pfeffern. Mit der Gemüsebrühe die Pilze etwas cremig rühren, kurz noch einmal erhitzen. Die restliche Petersilie hinzufügen, durchrühren und ein bißchen auskühlen lassen. Mit der restlichen Butter die Brotscheiben in der Pfanne beidseitig goldbraun rösten, mit der lauwarmen Pilzmasse bestreichen und anrichten.

PROVOLONE-CROSTINI
Crostini di provolone
Die Sardellenfilets wässern, auf Küchenkrepp trocknen und fein hacken. Tomaten heiß überbrühen, häuten und in Scheiben schneiden. Die Petersilie fein hacken. Die Weißbrotscheiben in Olivenöl auf beiden Seiten anbraten und mit Sardellen, Tomaten, Petersilie und Provolone belegen. Bei 230 °C, Gas Stufe 5, auf dem Rost oder Backblech backen, bis der Käse schmilzt. Ganz heiß servieren, der Käse muß noch schmelzend-weich sein.

TOMATEN-KAPERN-CROSTINI
Crostini rossi
Sardellenfilets wässern, auf Küchenkrepp trocknen und fein hacken. Die Tomaten überbrühen, häuten, aufschneiden, die Kerne herausnehmen und das Fruchtfleisch zentimetergroß würfeln. Petersilie und Kapern fein hacken.
Olivenöl erwärmen und Tomaten, Petersilie, Sardellen und Kapern darin etwa 8 Minuten köcheln, damit die Sardellen sich durch Hitze und Rühren im Öl auflösen und etwas Flüsssigkeit von den Tomaten verdampft. Mit wenig Salz und etwas Pfeffer würzen. Die Weißbrotscheiben kroß rösten, mit dem gewürzten Tomatenmus bestreichen und lauwarm servieren.

Crostini haben ihren Namen vom rustikalen Brot, das kroß geröstet und mit delikatem Belag in vielen Regionen Italiens als Vorspeise gereicht wird.

Fenchel-Orangen-Salat

Diese sizilianische Komposition ist ein ungewöhnlicher, fruchtiger Salat, der außerdem köstlich erfrischt. Als Vorspeise essen wir dazu gerne Rohschinken, San Daniele oder Bresaola, den Rinderschinken aus dem Veltlin.
Für heiße Sommertage werden Gemüse und Früchte vor dem Anmachen des Salats gekühlt. Und manchmal ersetzen die saftigen Früchte, Zwiebeln und Fenchelknollen mit Schinken oder gekochtem Fleisch oder Geflügel eine ganze Mahlzeit.

1 rote Zwiebel
6 kernlose Orangen
2 junge Fenchelknollen
Salz
frisch gemahlener schwarzer Pfeffer
Saft je 1 Zitrone und Orange
abgeriebene Schale von ½ unbehandelten Orange
6 EL natives Olivenöl extra

Tip:
Wenn Sie keine unbehandelten Zitronen oder Orangen beim Gemüsehändler bekommen, hilft das gründliche Abwaschen der Schalen mit heißem Wasser. Dann können Sie die Schalen unbesorgt verwenden.

Insalata di arance e finocchi
Die Zwiebel schälen und in Ringe schneiden. Etwa 5 Minuten in frisches, kaltes Wasser legen, dann wieder herausnehmen.
Das Wässern nimmt der Zwiebel die tränentreibende Schärfe. Von den Orangen mit einem sehr scharfen Messer die Schale mitsamt der weißen Haut abschneiden. Dann die Früchte quer in etwa halbzentimeterstarke Scheiben schneiden. Fenchelknollen waschen und ebenfalls quer in Scheiben schneiden. Obst und Gemüse mischen, wenig salzen und kräftig pfeffern.
Orangen- und Zitronensaft mit der abgeriebenen Orangenschale darübergießen und zum Schluß mit dem sanften Olivenöl vollenden.

Meeresfrüchte-Salat

1 Handvoll Blattpetersilie
1 mittelgroße Zwiebel
1 Möhre
1 Stange Staudensellerie
3 Lorbeerblätter
gestoßener schwarzer Pfeffer
Salz
150 g Kalmare
150 g kleine Tintenfische (Sepia)
200 g Oktopusarme
200 g Garnelen
15 Miesmuscheln
15 Venusmuscheln
6 Jakobsmuscheln
Saft von 2 Zitronen
2 EL Weißwein-Essig
8 EL natives Olivenöl extra
1 Knoblauchzehe

Tip:
Dieser bunte Salat bekommt eine besondere Note durch ein paar kleingeschnittene Blättchen Estragon. Aber das ist dann nicht apulisch. Estragon gibt's seit den Zeiten Karls des Großen nur in der Toskana, dort heißt der aromatische Drachenvertreiber „dragonella".

Insalata di mare

Blätter von den Stielen der Petersilie abzupfen, fein hacken und beiseite stellen. Die Stiele grob schneiden, ebenso die Zwiebel. Möhren und Staudensellerie putzen und fein schneiden.

Aus den Gemüsen, Petersilienstielen, Lorbeerblättern, Pfeffer, Salz und 1 Liter Wasser einen Sud bereiten und zum Kochen bringen.

Kalmare ausnehmen, waschen, kleine Tentakel ganz lassen, größere teilen. Kiefer und Kalkblatt entfernen. Den Mantel in Ringe schneiden. Oktopusarme in zentimeterstarke Stücke teilen. Die vorbereiteten Tintenfische und Oktopusarme in den kochenden Sud geben. Nach 10 Minuten die Kalmarstücke und die Garnelen in der Schale hinzufügen, 5 Minuten im Sud ziehen lassen. Die Meeresfrüchte mit einem Schaumlöffel herausnehmen, die Garnelen aus der Schale pulen und den schwarzen Darm entfernen.

Den Sud nochmals erhitzen. Wenn er kocht, die gesäuberten und in klarem Wasser gereinigten Muscheln einlegen. Sofort wenn sie die Schale öffnen, wieder herausfischen und aus den Schalen nehmen. Jakobsmuschelfleisch braucht etwas länger, bis es gar ist. Muscheln, die sich nicht öffnen, wegwerfen.

Aus gehackter Petersilie, Zitronensaft, Weißwein-Essig, 2 Eßlöffeln vom Sud, Salz, schwarzem Pfeffer und Olivenöl eine Sauce bereiten und über die Meeresfrüchte gießen. Gut 2 Stunden in der Würzsauce marinieren. Die Knoblauchzehe über dem Salat zerquetschen und noch einmal alles gut durchheben. Das Gemüse aus dem Sud mit den Meeresfrüchten anrichten. Küchenfrisch, aber nicht direkt aus dem Kühlschrank servieren, Weißbrot dazu reichen.

Wenn's frische Fische und Meeresfrüchte gibt, ist das eine leichte und delikate Vorspeise, die schon durch die heiteren Farben und interessanten Formen den Gaumen reizt. Aber es ist wichtig, beim Einkaufen wirklich fangfrische Meerestiere zu bekommen, die dann auch sofort verarbeitet werden. Und bemessen Sie das Olivenöl, trotz seiner nussigen, mediterranen Note, nicht zu reichlich, sonst macht das Öl die herzhafte Fischeiweiß-Portion schwerer verdaulich.

Kampanien/Toskana/ Ligurien

Brotsalat

750 g altbackenes Weißbrot
1/8 Liter trockener Weißwein
2 große rote Zwiebeln
4 feste Salat- oder Fleischtomaten
2 Stangen Staudensellerie
1 Salatgurke, geschält
15–20 Basilikumblätter
Salz
frisch gemahlener weißer Pfeffer
80 ml natives Olivenöl extra
3–4 EL Weinessig

Panzanella

Das Weißbrot in mundgerechte Stücke schneiden und mit etwas Wasser und dem Weißwein benetzen. Es sollte sich gerade feucht, nicht naß anfühlen, sonst einfach wieder ausdrücken und Brot zerpflücken. Wenn es gut mit Feuchtigkeit vollgesogen ist, in eine Salatschüssel geben. Zwiebeln, Tomaten, Staudensellerie und die Gurke in Stücke schneiden und daruntermischen. Die Hälfte der Basilikumblätter in kleine Stücke zupfen, nicht schneiden, sonst verliert das duftende Gewürz seinen reichen, aromatischen Duft. Salzen und mit reichlich frisch gemahlenem weißem Pfeffer und dem zerkleinerten Basilikum würzen. Das Olivenöl darübergießen, durchmischen und 3 bis 4 Stunden kühl stellen. Vor dem Servieren den Weinessig unterheben, mit den restlichen Basilikumblättern das Aroma verstärken und, falls nötig, nachwürzen. So schmeckt Panzanella an heißen Tagen einfach köstlich.

Der Name ist toskanisch, aber Panzanella gibt's bei den Bauern in ganz Italien. Es ist ein einfaches Gericht und überhaupt eine ideale „Brotzeit" auf dem Feld oder zur Arbeit. Denn alles, was Hof und Garten bieten, alles was Appetit und satt macht, ist enthalten: Brot und Gemüse, Zwiebeln, Gewürze und Olivenöl. Und jeder, der sich eine üppigere Mahlzeit wünscht, kann die Panzanella nach seinem Gusto anreichern – mit Kapern, Fisch, Meeresfrüchten, Thunfisch, Sardellen oder Geflügel.
In Ligurien wurde früher der „cappon magro", der magere Kapaun, als traditionelles Gericht gerne gereicht. Und er war das pure Gegenteil davon. Ein Brotsalat mit wenig Brot und allen Köstlichkeiten, die Land und Meer hergaben: Austern, Langusten, Thunfisch, viel Gemüse, Oliven, Pilze und Pinienkerne.

Emilia-Romagna/ Venetien

KALTE GEMÜSEPLATTE

3 mittelgroße runde oder längliche Auberginen
je 2 gelbe und rote fleischige Paprikaschoten
1 große rote Zwiebel
Salz
125 ml natives Olivenöl extra
2 Knoblauchzehen
1 Zweig Thymian
2 Lorbeerblätter
70 ml milder Essig
schwarzer Pfeffer, frisch aus der Mühle
Salz
Olivenöl zum Abschmecken

Piatto freddo di ortaggi

Die Auberginen in Scheiben schneiden, dann würfeln. Paprikaschoten im heißen Backofen so lange allseitig anbraten, bis sich die dünne Außenhaut blasig abhebt. Mit einem Messer häuten, halbieren, Samenkerne und Zwischenwände innen entfernen und in Streifen schneiden. Zwiebel schälen und in herzhafte Scheiben schneiden. In eine feuerfeste Keramik- oder Porzellankasserolle das Gemüse einschichten, salzen und das Olivenöl und 125 ml Wasser angießen. Mit den gequetschten Knoblauchzehen, Thymian und Lorbeerblättern würzen. Auf dem Herd erhitzen, bis das Wasser zu brodeln beginnt, dann mit einem dicht sitzenden Deckel verschließen und für ½ Stunde in den auf 160 °C vorgeheizten Ofen stellen. Herausnehmen, mit dem Essig begießen, pfeffern und, wenn nötig, salzen. Gemüse vorsichtig auf einer Platte anrichten und zum Schluß mit einem Faden feinem Olivenöl den Geschmack abrunden. Auskühlen lassen und lauwarm servieren.

Eine Sommer-Platte, die es zu genießen gilt, wenn's alle Gemüsesorten in Hülle und Fülle gibt, wenn Reife und Aromen auf dem Höhepunkt sind, wenn die Hitze zu leichten Mahlzeiten verleitet und wenn Gebratenes und Geschmortes den träge gewordenen Magen zu sehr belasten. In der Emilia-Romagna und auch im Veneto mit einer Focaccia oder einem rustikalen Landbrot der Anfang eines heiteren Abendmenüs, das einen spritzigen Prosecco von Conegliano oder einen leichten Pinot grigio aus dem Eisacktal fordert.

RE
CARLO
& C SNC
ALBANO

Suppen, Pizza und pikante Fladen

Frühlingsgemüse-Suppe

2 mittelgroße Kartoffeln
2 Karotten
4 Artischocken
Saft von 1 Zitrone
1 kleiner Blumenkohl (am besten Romanesco)
1 kleiner Wirsing
120 g junge, frische Erbsen
150 g Butter
Salz
4 Frühlingszwiebeln
500 ml Gemüsebrühe
2 EL natives Olivenöl extra
200 g Reis (Arborio)

FRÜHLINGSGEMÜSE-SUPPE
Minestrone primaverile
Kartoffeln und Karotten schälen und würfeln. Die harten Hüllblätter der Artischocken abzupfen, das Bodenstück vierteln und mit Zitronensaft beträufeln. Den Blumenkohl und den Wirsing etwa 10 Minuten in kaltes Salzwasser legen, um Schnecken und Raupen daraus zu vertreiben. Blumenkohl in Röschen teilen, vom Wirsing die dunklen grünen Blätter entfernen, den Strunk herausschneiden und den gelben inneren Kern in schmale Sektoren teilen.
Kartoffeln, Karotten, Artischockenböden, Erbsen und 2 Eßlöffel Butter in einem großen Topf bei mittlerer Hitze aufsetzen, salzen und mit etwa ½ Liter heißem Wasser zum Köcheln bringen. Geputzte, geschnittene Frühlingszwiebeln, den Blumenkohl und den Wirsing dazugeben. Wenn nötig, nochmals heißes Wasser angießen und weiterköcheln lassen.
Gemüsebrühe erhitzen. In einem schweren Topf die Hälfte der restlichen Butter aufschäumen lassen, das Olivenöl und den Reis hinzufügen, umrühren und die heiße Gemüsebrühe zugießen. Im gut verschlossenen Topf etwa 20 Minuten in den 100 °C warmen Backofen stellen. Topf aus dem Backofen nehmen, Reis und Gemüse mischen und mit der restlichen Butter verfeinern.

Für das, was man im Deutschen häufig einfach Suppe nennt, stehen in der italienischen Küche drei Begriffe: „zuppa", „minestra" und „brodo". Zuppa ist eine Suppe mit Einlage, speziell Brot, manchmal Fleisch. Minestra steht in vielen Fällen ganz allgemein für Essen. Der Begriff kommt von „ministrare": „dienen" oder „bedienen". Denn noch Anfang des Jahrhunderts wurde das Essen – in der Regel von Vater oder Mutter – an die übrigen Familienmitglieder ausgeteilt. Heute ist es üblich, Gemüsegerichte, Getreide-, Pasta- und Reis-Gemüse-Kombinationen als Minestre zu bezeichnen, wenn sie durch Zugabe von Brühe etwas flüssiger sind, so wie diese lombardische Gemüsesuppe. Und Brodo ist einfach eine Brühe, auch wenn Reis oder Teigwaren eingelegt sind. Sie ist aber immer verhältnismäßig dünn. Cremige, durchpassierte Suppen gibt es in der klassischen italienischen Küche nicht.

Ligurien/Toskana/
Marken

Fischsuppe

1–1,5 kg frischer Fisch, z.B. Meerbarbe, Seehecht, Wolfsbarsch, Zahnbrasse
200 g Scampi oder Garnelen
250 g Kalmare, Oktopus, kleine Tintenfische
400 g Venusmuscheln
400 g Miesmuscheln
400 g Flaschentomaten
1 mittelgroße Zwiebel
3 Knoblauchzehen
2 Möhren
2 Stangen Staudensellerie
½ Fenchelknolle
½ Pfefferonischote
80 ml natives Olivenöl extra
¼ Liter trockener Weißwein
Meersalz
schwarzer Pfeffer
6 Stengel Blattpetersilie

Zuppa di pesce
Die Grätenfische sorgfältig reinigen, schuppen und ausnehmen und die größeren in Stücke teilen. Die Köpfe abschneiden und die Kiemen herausnehmen, sonst kann die Suppe bitter schmecken. Kalmare ausnehmen, waschen, kleine Tentakel ganz lassen, größere teilen. Kiefer und Kalkblatt entfernen. Den Mantel in Ringe schneiden. Oktopus in zentimeterstarke Stücke teilen. Die Muscheln in klarem Wasser waschen und gut säubern. Die Muscheln, die sich dabei nicht schließen, wegwerfen.
Die Tomaten überbrühen, häuten und die Kerne entfernen. Für das Röstgemüse die Zwiebel, Knoblauchzehen, Möhren, Staudensellerie, den Fenchel und ein kleines Stück Pfefferoni putzen, nicht zu fein hacken und in Olivenöl anrösten. Wenn die Zwiebeln Farbe gezogen haben, die Tintenfische, Kalmar- und Oktopusstücke dazugeben, mit einem reichlichen Glas Weißwein und 1 Liter heißem Wasser auffüllen und etwa 45 Minuten köcheln lassen. Dann die Muscheln in den Sud geben. Wenn sie sich geöffnet haben, wieder herausfischen und warm stellen. Muscheln, die sich nicht öffnen, wegwerfen. In der Suppe bleiben Kalmare, Tintenfische und Oktopusstücke. Dann die Tomaten dazugeben und die Suppe zum Kochen bringen. Nach dem Aufkochen die Kalmare, Tintenfische und Oktopusstücke ebenfalls herausnehmen.
Die eingedickte Suppe mit heißem Wasser und dem restlichen Weißwein verdünnen und die kleinen Grätenfische und die Fischköpfe hineingeben. Nach etwa 20 Minuten alle Fischteile mit der Schaumkelle herausnehmen und das Fischfleisch durch ein Sieb streichen. Das gibt der Suppe das Aroma. Die großen Fischstücke obendrauf in den Topf legen, wenn notwendig, noch einmal mit heißem Wasser auffüllen und die Fischsuppe köcheln lassen. Nach ungefähr 10 Minuten Tintenfische, Oktopusstücke, Kalmare und Krustentiere und die Muscheln wieder dazugeben. Alle Fische und Meeresfrüchte noch einmal gut heiß werden lassen und mit Salz und Pfeffer nachwürzen, je nachdem, ob anfangs viel oder wenig Pfefferoni genommen wurde. Zum Schluß die Blattpetersilie hacken und untermischen.
Die Suppe auf Knoblauchbrot anrichten.

Basilikata/Toskana

Kichererbsen-Suppe

200 g getrocknete Kichererbsen
Salz
150 ml Gemüsebrühe
3 EL natives Olivenöl extra
1 Zweig Rosmarin
1 Knoblauchzehe
1 EL Tomatenmark
frisch gemahlener schwarzer Pfeffer
200 g Pasta, zum Beispiel Ditalini
einige Zweige Rosmarin zum Garnieren

Tip:
Zum Weichkochen der Kichererbsen kann man ein Stück Schweinsfuß oder Bauchspeck zufügen, dadurch gewinnen sie noch erheblich an Wohlgeschmack.

Minestra di ceci

Die Kichererbsen mindestens einen ganzen Tag in lauwarmem Wasser einweichen. Danach gründlich waschen und in 1 Liter wenig gesalzenem Wasser kochen, bis sie weich sind. Die Hälfte der gekochten Kichererbsen mit dem Mixstab pürieren, dann durch ein Sieb streichen und wieder zu den ganzen Kichererbsen geben.

Die Gemüsebrühe erwärmen. Das Olivenöl erhitzen, den Rosmarinzweig und die Knoblauchzehe hinzufügen. Wenn der Knoblauch goldfarbig wird, Rosmarin und Knoblauch aus dem Öl nehmen. Das Tomatenmark in der Gemüsebrühe auflösen und mit dem gewürzten Olivenöl in die Kichererbsensuppe rühren.

Mittlerweile die Nudeln in Salzwasser bißfest kochen, abseihen und zu den Kichererbsen geben. Noch einmal ungefähr 10 Minuten köcheln lassen und mit schwarzem Pfeffer würzen.

Die dicke und sättigende Suppe mit einem kleinen Zweig Rosmarin anrichten.

Kichererbsen sehen aus wie kleinere, aber beigegelbe Haselnüsse. Sie stammen aus dem westlichen Teil Asiens, sind in Indien und fast allen Ländern rund ums Mittelmeer zu Hause und für viele Menschen dort, wo Getreide und Brot knapp sind, ein wichtiger Kohlenhydrate-Lieferant.

Dieses Gericht findet man sowohl in der Toskana wie auch in der Basilikata. Kichererbsen sind sehr hart, müssen deshalb lange eingeweicht werden und lassen sich am besten mit dem Mixer oder dem Mixstab zerkleinern. So wird auch das nussige Aroma leichter aufgeschlossen. Aus ihrem Mehl kann man übrigens delikate Küchle und kleine Pfannkuchen backen.

Suppe mit Graupen und Bohnen

150 g getrocknete Borlotti-Bohnen
250 g Gersten-Graupen
1 Kartoffel
2 Stangen Bleichsellerie
2 Karotten
100 g Schwarte von rohem Schinken
3 Lorbeerblätter
3 Fleisch- oder Gemüse-Brühwürfel
1 kleine Zwiebel
1 Knoblauchzehe
2 Stengel Majoran
½ Bund Blattpetersilie
75 g in feine Streifen geschnittener Bauchspeck
2 EL natives Olivenöl extra

Minestrone di fagioli e orzo

Borlotti-Bohnenkerne und Graupen getrennt mindestens eine Nacht in warmem Wasser einweichen. Die Bohnen abgießen und in wenig Wasser zum Kochen bringen. Die Kartoffel schälen und würfeln, den Bleichsellerie fein schneiden, die Karotten putzen und in Stücke schneiden. Die Bohnen, sobald sie zum Kochen gekommen sind, noch einmal abgießen und in einem ausreichend großen Topf mit 2 Liter Wasser, den abgespülten Graupen, der Schinkenschwarte, der gewürfelten Kartoffel, dem feingeschnittenem Bleichsellerie, den Karottenstückchen sowie den Lorbeerblättern auf die Flamme stellen.

Wenn alles etwa 1½ Stunden gekocht hat, die Brühwürfel dazugeben und eine weitere Stunde köcheln. In der Zwischenzeit Zwiebel und Knoblauch abziehen und fein würfeln. Kräuter von den Stengeln zupfen und fein hacken. Zusammen mit dem Bauchspeck im Olivenöl anbraten, dann in die Suppe geben und noch einmal ¼ Stunde kochen. Die Schinkenschwarte und die Lorbeerblätter herausnehmen. Heiß servieren.

Schon die Verdoppelung der Kohlenhydrate mit Bohnen und Graupen und die Verwendung von Speck und Schinken verrät die Herkunft des Rezepts aus der kälteren Gebirgsregion Friaul.
Wundern Sie sich nicht, daß die Graupen auch beim Aufwärmen der Suppe immer noch weiter aufgehen. Graupensuppe gleicht in diesem Punkt der wunderbaren Brotvermehrung, in der Brühe werden die Graupen nicht mehr, aber immer größer.

Gemüse-Brot-Suppe

300 g gekochte weiße Bohnen (Toscanelli oder Cannellini) und das Kochwasser
Salz
2 Blätter Schwarz- oder Grünkohl
¼ Kopf Wirsing
400 g vollreife Fleisch- oder Saucentomaten
1 große Kartoffel
1 große rote Zwiebel
1 Bund Küchenkräuter (Blattpetersilie, Basilikum, Estragon, wenig Salbei)
2 Stangen Staudensellerie
2 Möhren
80 ml natives Olivenöl extra
grob geschroteter schwarzer Pfeffer
400 g herzhaftes Weißbrot vom Vortag

Ribollita

Die Bohnenkerne in der etwa vierfachen Menge leicht gesalzenem, kaltem Wasser über Nacht quellen lassen. Am nächsten Tag das verbliebene Wasser abgießen, neues kaltes Wasser auffüllen (die Bohnen sollten reichlich bedeckt sein) und in 3 bis 4 Stunden, am besten im Backofen bei 120 °C, Gas Stufe 1, garen. Die Bohnen sollen weich sein, aber nicht zerfallen. Wenn viel Wasser verdunstet, zwischendurch nochmals heißes Wasser dazugeben. Bei kaltem Wasser werden die Bohnen hart.

Vom Schwarz- oder Grünkohl die groben Stiele herausschneiden, vom Wirsing den Strunk. Die Blätter grob zerteilen. Fleischtomaten überbrühen, häuten, halbieren, die Kerne herausnehmen und das Fruchtfleisch in Stücke schneiden. Die Kartoffel schälen und in Würfel schneiden. Zwiebel und Küchenkräuter hacken, Staudensellerie und Möhren putzen und schneiden und in einem großen Topf mit Olivenöl anrösten. Wenn die Zwiebelstücke goldfarbig werden, Tomatenstücke, Bohnen mit ihrem Kochwasser, Kartoffel sowie den Schwarz- oder Grünkohl und Wirsing dazugeben. So lange brodelnd kochen, bis die Kartoffelwürfel gar sind, aber noch Biß haben. Salzen und mit Pfeffer würzen. Mit heißem Wasser auffüllen und 1 Stunde auf leiser Flamme köcheln lassen.

In rustikalen Tellern oder einer Keramikschüssel eine Schicht Weißbrotscheiben einlegen, das Gemüse daraufschöpfen und am Schluß mit ein bißchen Gemüsebrühe auffüllen.

Das ist die klassische Zuppa, auf frischem oder geröstetem Brot angerichtet und ziemlich verkocht, aber herzhaft und aromatisch. Denn es wird immer ein großer Topf voll davon zubereitet und dann wieder und wieder aufgewärmt. Deswegen heißt sie auch „ribollita“, also mehrfach aufgekocht.

Wenn Sie diese toskanische Suppe in einer Trattoria bestellen, und sie wird ohne Zwiebel und Olivenöl serviert, fragen Sie danach, das beweist Kennerschaft. Denn mit feinen Zwiebelstreifen und einem Faden Olivenöl obendrüber, ist's erst die richtige Ribollita.

Ligurien
Toskana

Fladenbrot Rosmarinbrötchen

FLADENBROT
500 g Weizen- oder Weizenvollkornmehl, Type 405 oder 1050
20 g Backhefe (½ Würfel)
1 Prise Zucker
gut ¼ Liter lauwarmes Wasser
Salz
8 EL natives Olivenöl extra
grobes Meersalz zum Bestreuen

Tip für Beläge:
Salz, Zwiebeln, Kräuter, schwarze Oliven, Tomaten, dünne Schinken- oder Speckscheiben, Salami, gewürzter Quark mit Schmand oder Crème fraîche.

ROSMARINBRÖTCHEN
75 g Rosinen
500 g Weißbrotteig vom Bäcker oder Hefeteig aus:
500 g Mehl
1 Würfel Backhefe (42 g)
¼ Liter lauwarmes Wasser
30 g Zucker
½ TL Salz
1 Zweig frischer Rosmarin
60 ml natives Olivenöl extra

Öl für das Backblech
einige frische Rosmarinnadeln zum Bestreuen

FLADENBROT
Focaccia

Das Mehl in eine leicht angewärmte Teigschüssel sieben und in der Mitte eine Mulde eindrücken. Darin die in wenig Wasser aufgelöste Hefe mit einer Prise Zucker und wenig Mehl zu einem Vorteig verrühren. Wenn er sein Volumen verdoppelt hat, mit dem restlichen Wasser, dem Mehl, Salz und 2 Eßlöffeln Olivenöl verkneten und mindestens 10 Minuten kräftig durcharbeiten und aufs Teigbrett schlagen, weil er so handbearbeitet herzhafter und knuspriger wird. Einen Teigballen formen, in der Schüssel mit Mehl bestäuben und noch einmal gehen lassen, bis er sein Volumen verdoppelt hat.
In kleine Teigstücke teilen und mit den Händen, ohne Wellholz, etwa ½ cm starke Fladen formen. Mit den Fingerspitzen Vertiefungen eindrücken. Üppig mit Olivenöl bestreichen und mit dem groben Meersalz bestreuen.
Auf einem schwarzen Backblech oder dem Backstein im vorgeheizten Backofen bei 200 °C, Gas Stufe 3, 20 bis 35 Minuten backen, bis sie goldbraun und knusprig sind.

ROSMARINBRÖTCHEN
Pane al ramerino

Die Rosinen für eine ½ Stunde in warmem Wasser einweichen.
Das Mehl in eine Teigschüssel sieben. Eine Mulde eindrücken, darin die Hefe zerbröckeln und mit der Hälfte vom lauwarmen Wasser, Zucker und wenig Mehl einen Vorteig anrühren. So lange in der gut warmen Küche gehen lassen, bis er sein Volumen verdoppelt hat. Rosmarinnadeln vom Zweig abzupfen. Öl erwärmen, aber nicht sehr heiß werden lassen. Die Rosmarinnadeln hineingeben, 10 Minuten ziehen lassen, abkühlen und abseihen.
Vorteig mit dem restlichen Wasser, Mehl, Salz, Rosinen und 40 ml Rosmarin-Olivenöl gut verkneten. Noch einmal gehen lassen. Runde Brötchen oder einen Fladen formen. Brötchen der Länge nach einschneiden, Fladen mit der Gabel einstechen und mit dem restlichen Rosmarin-Olivenöl bestreichen. Auf ein geöltes Backblech setzen. Abgedeckt noch einmal eine halbe Stunde gehen lassen. Mit ein paar Rosmarinnadeln bestreuen und im vorgeheizten Backofen bei 200 °C, Gas Stufe 3, etwa 15 bis 20 Minuten backen.

SALE
marino

Pizza

Für den Teig:
600 g Weizenmehl, Type 405 oder Type 1050
etwa 400 ml lauwarmes Wasser
30 g frische Backhefe oder 2 TL Trockenhefe
1 Prise Zucker
1 gestrichener TL Salz
3 EL natives Olivenöl extra

Für die Pizza Margherita:
600 g frische, reife Flaschentomaten oder 400 g geschälte ganze Tomaten aus der Dose (ohne Saft)
Salz, Pfeffer
3 EL natives Olivenöl extra
250 g Mozzarella in Scheiben oder Würfeln
3 EL frisch geriebener junger Parmesan
16 Basilikumblätter

Varianten:
Für eine Pizza „alla napoletana“ braucht man außer Tomaten, Pfeffer und Salz dünn geschnittenen Knoblauch, Oregano, frisch oder getrocknet, und Olivenöl. Die Pizza „quattro stagioni“ belegt man in Feldern zusätzlich zu den Tomaten und Gewürzen ganz nach eigenem Gusto.

Das Mehl in eine Teigschüssel sieben und in die Mitte eine Mulde drücken. Darin die in ein wenig Wasser aufgelöste Hefe mit einer Prise Zucker und wenig Mehl zu einem Vorteig verrühren. Mit einem Teelöffel Mehl überstäuben. An einem warmen Platz so lange gehen lassen, bis sich das Volumen des Vorteigs verdoppelt hat. Dann den Vorteig mit dem restlichen Mehl, Salz, 2 Eßlöffeln Olivenöl unter Zugabe von wenig lauwarmem Wasser kräftig rühren. Immer wieder kleine Mengen Wasser einarbeiten, bis ein elastischer, glatter und fester Teig entsteht. Er soll nicht mehr kleben und sich von der Schüssel lösen. Mit dem Handballen den ganzen Teig gründlich kneten und kraftvoll auf die Arbeitsfläche werfen oder schlagen. Den Teigballen in 4 Teile trennen, kleine runde Ballen formen und wieder, mit einem Tuch bedeckt, in einer mit Öl ausgefetteten Teigschüssel in der Wärme gehen lassen.
Wenn der Teig sein Volumen verdoppelt hat, die Pizzen daraus formen und auf ein mit Öl bestrichenes Backblech legen. Die Teigplatte soll in der Mitte etwa 3 bis 4 mm stark sein und am Rand einen kräftigen Wulst haben.

Für die Pizza Margherita die Tomaten schälen, entkernen und in Streifen schneiden. Den Teig damit belegen, wenig Salz, Pfeffer und 2 Eßlöffel Olivenöl darübergeben und im vorgeheizten Backofen bei 220 °C, Gas Stufe 4, etwa 10 bis 15 Minuten backen. Mozzarella und Parmesan darübergeben und noch einmal für 5 Minuten in den heißen Ofen schieben. Herausnehmen, Basilikumblätter und einige Tropfen Olivenöl darauf verteilen und sofort servieren.

Wer diese vier Grundregeln beachtet, macht in jedem Fall gute Pizzen: 1. Den Teig kräftig kneten und schlagen, denn die Qualität des Pizzateigs hängt entscheidend von der Intensität der Bearbeitung ab. 2. Den Backofen zeitig vorheizen und die Pizzen am besten auf dem heißen Stein backen. 3. Nur aromatische, vollreife, geschälte und entkernte Tomaten verwenden. Die länglichen San-Marzano-Tomaten oder andere Flaschentomaten sind gut dafür geeignet. 4. Der saftigste Käse für Pizzen ist Mozzarella. Mit Parmesan wird gewürzt. Er darf auf keinen Fall verbrennen, sonst schmeckt er bitter.

Risotti, Nudeln, Polenta und Aufläufe

Reis und Erbsen

50 g magerer Speck
3 Frühlingszwiebeln
1 Liter Fleischbrühe, am besten selbstgekochte
50 g Butter
2 EL natives Olivenöl extra
1 kg gartenfrische, junge Erbsen, mit den Schoten gewogen
Salz
200 g Reis (Vialone nano)
frisch gemahlener weißer Pfeffer
3 EL gehackte Petersilie
3 EL frisch geriebener junger Parmesan

Risi e bisi

Den Speck in etwa 2 cm lange, feine Streifen schneiden. Die Frühlingszwiebeln waschen, Wurzeln abschneiden und mit etwa der Hälfte der grünen Zwiebelröhrchen kleinhacken. In einem Topf die Fleischbrühe erhitzen. In einem anderen, größeren Topf die Hälfte der Butter und das Öl vorsichtig erhitzen, den Speck darin ausbraten und die Frühlingszwiebeln dazugeben. Wenn sie hell goldfarbig geworden sind, zuerst die aus den Schalen gelösten Erbsen, dann ⅛ Liter Fleischbrühe dazugeben, salzen und kurz aufkochen, so behalten die grünen Erbsen ihre Farbe. Die restliche heiße Brühe angießen und wieder zum Kochen bringen, dabei das Umrühren nicht vergessen. Dann den kleinkörnigen Vialone-Reis einrieseln lassen und mit Pfeffer würzen. Etwa 20 Minuten unter häufigem Rühren leise kochen, bis der Reis gar, aber noch bißfest ist. Dann die restliche Butter, die Petersilie und für die cremige Bindung den Parmesan einrühren. Risi e bisi darf nicht so fest sein wie Risotto, sondern soll lockerer und suppig bleiben.

Vergessen Sie alles, was Ihnen irgendwo aus trocken gedämpftem Reis, in dem ein paar Erbsen verschämt zwischen den Reiskörnern herausguckten, als Beilage serviert wurde. Echtes Risi e bisi ist ganz anders und schmeckt viel besser. Es ist eine köstliche Spezialität aus jungen Erbsen, Fleischbrühe und Reis. In Venedig kocht man dafür nach einem alten Rezept häufig ein Teil der jungen Erbsenschoten von Anfang an mit. So wird die grüne Farbe intensiver und das Erbsenaroma gewinnt an fruchtiger Süße. Wenn Sie etwa ein Drittel der Schotenhälften an beiden Enden umknicken, können Sie durch Ziehen an den Schotenenden das zähe Häutchen der Innenseite ablösen. Wenn's schwer geht, probieren Sie es mit einem spitzen Messer.
Die Venezianer essen Risi e bisi nach guter alter Tradition am 25. April, dem Geburtstag von San Marco, Schutzpatron der Stadt. Und sie sagen, dieses wunderbare Gericht müsse „all'onda" serviert werden, so suppig, daß es noch Wellen schlägt.

VERONA

Venetien
Piemont

Barolo-Risotto
Spargel-Risotto

BAROLO-RISOTTO
1 Liter Rinderbrühe
60 g Butter
½ Zwiebel, fein geschnitten
50 g magerer Bauchspeck, fein gewürfelt
1 TL Rosmarinnadeln
300 g Reis (Vialone nano)
⅛ Liter Barolo
80 g frisch geriebener junger Parmesan
Salz
schwarzer Pfeffer

SPARGEL-RISOTTO
500–700 ml Rinderbrühe
500 g frischer grüner Spargel
Salz
100 g Butter
1 kleinere, fein geschnittene Zwiebel
300 g Reis (Carnaroli)
weißer Pfeffer
⅛ Liter trockener Weißwein
80 g frisch geriebener junger Parmesan

Übrigens:
Das Rezept für Risotto alla milanese finden Sie auf der Seite 128.

BAROLO-RISOTTO
Risotto alla piemontese
Die Rinderbrühe erhitzen. In einer größeren Kasserolle die Butter schmelzen und darin die Zwiebelwürfelchen, den Bauchspeck und die Rosmarinnadeln ein paar Minuten anschwitzen. Den Reis dazugeben und gut umrühren. Bei kräftiger Hitzezufuhr eine Schöpfkelle kochend heiße Fleischbrühe angießen. Während der ganzen Garzeit ständig mit einem Holzlöffel rühren. Das Aufgießen mehrmals wiederholen, bis alle Brühe aufgebraucht und der Reis gar ist, aber noch Biß hat. Das dauert etwa 20 Minuten. Dann den Barolo zum Risotto gießen, gut durchrühren und etwas verdampfen lassen. Zum Schluß den Parmesan unterheben, mit Salz und Pfeffer würzen und heiß anrichten.

Risotto gelingt nur mit einigen italienischen Reissorten. Denn er darf nicht körnig und trocken gekocht werden, sondern muß eine zarte, saftig-sämige Bindung haben. Wichtig für alle Risotti ist Geduld, denn sie müssen immer frisch gekocht und dabei ununterbrochen gerührt werden.

SPARGEL-RISOTTO
Risotto di asparagi
Die Rinderbrühe erhitzen. Von den Spargeln den holzigen Teil am unteren Stangenende abschneiden. Wasser zum Kochen bringen und salzen, Spargelstangen und Abschnitte einlegen. Sie sollten gut bedeckt sein. In 4 bis 6 Minuten bißfest garen. Die Spargelstangen herausnehmen, Abschnitte noch 10 Minuten kochen lassen und dann entfernen. Spargelwasser abgießen, ½ Liter davon auffangen und wieder auf gut 1 Liter mit kochend heißer Rinderbrühe auffüllen. Vom gegarten Spargel die Spitzen etwa 3 bis 4 cm lang, von den Stangen Stücke von etwa 1,5 bis 2 cm Länge abschneiden. 50 g Butter schmelzen, die Zwiebel hellgelb anschwitzen und die Spargelstücke – ohne die Spitzen – dazugeben. Nach 2 Minuten den Reis und etwas Pfeffer hinzufügen und den Risotto mit der vorbereiteten Brühe garen wie beim Barolo-Risotto beschrieben. Am Schluß den Wein, die restliche Butter, jungen Parmesan und Spargelspitzen vorsichtig unterrühren. Wenn der Parmesan cremig geschmolzen ist, heiß servieren.

DI MONFORTE
GIACOSA

Buchweizen-Wurst-Auflauf

½ Liter Milch
250 g Buchweizenmehl
2 Scheiben grüner Speck
1 kleine Zwiebel
Salz
schwarzer Pfeffer
3 Salsicce oder grobe Bauernbratwürste

Smaccafam

In einer Kasserolle die Milch langsam erhitzen und unter kräftigem Schlagen mit dem Schneebesen das Buchweizenmehl einrieseln lassen, bis ein dünnflüssiger Teig entstanden ist. Den Speck und die Zwiebel fein würfeln und in der Pfanne anrösten. Grieben, Zwiebelwürfel, wenig Salz und schwarzen Pfeffer unter die Buchweizenmasse rühren.

Eine Auflaufform mit dem Schmalz des ausgelassenen Specks einfetten und den Buchweizenbrei etwa 2 cm hoch einfüllen. Die Bratwürste in Scheiben schneiden und auf den Teig legen, sie sinken beim Backen ein.

Im vorgeheizten Backofen bei 200 °C, Gas Stufe 3, so lange backen, bis der Auflauf eine goldbraune Kruste bekommt.

Mit einem frischen Salat ist er genau das richtige nach einem Tag Gartenarbeit.

Der herzhafte Buchweizen-Auflauf mit Wurst ist ein sehr altes Trentiner Rezept und trägt seinen Namen „schlägt den Hunger“ sicher zu Recht. Heute wird Smaccafam häufig mit Weizenmehl zubereitet, aber im Originalrezept steht Buchweizen. Der heißt im Italienischen „grano saraceno“, Sarazenen-Korn, stammt aus Asien und ist eigentlich keine Kornpflanze, sondern ein Knöterichgewächs. Aber Buchweizen gewinnt in unseren Tagen wieder an Bedeutung durch seine „farina nera“, das schwarze Mehl, für schwarze Polenta, Pizzoccheri und manche Kuchen im Trentino und in Südtirol.

Schwarze Knödel

250 g Roggenbrotscheiben
150 g Bauchspeck
½ Zwiebel
1 Knoblauchzehe
1 Lauchstange
40 g Butter
Salz
100 ml Milch
50 g Buchweizenmehl
5 EL geriebener Parmesan oder Graukäse

Canederli neri

Das Roggenbrot und den Bauchspeck würfeln, die Zwiebel und die Knoblauchzehe abziehen und fein hacken, den Lauch waschen und in Scheiben schneiden.
Bauchspeck, Zwiebel, Knoblauch und Lauch mit der Butter in einer Pfanne glasig dünsten. Den Inhalt der Pfanne und die Brotwürfel in eine Teigschüssel geben, salzen und mit einer Mischung aus 100 ml lauwarmem Wasser und der Milch befeuchten. Es ist wichtig, nicht nur Milch zu nehmen, sie wird durch das Roggenbrot sonst leicht sauer. Die Schüssel zudecken und eine gute Stunde durchziehen lassen.
In einem großen Topf Salzwasser zum Kochen aufsetzen. Die Knödelmasse mit Buchweizenmehl – am besten mit den Händen – kräftig vermengen und durchkneten. Den Teig etwas ruhen lassen, dann mit nassen Händen etwa tennisballgroße Knödel formen. Im siedenden Salzwasser auf kleiner Flamme in 20 bis 25 Minuten gar ziehen lassen.
Sie werden in Fleischbrühe gereicht, mit Schwarzwurzelgemüse oder mit Meerrettich, aber auf jeden Fall immer bestreut mit geriebenem Parmesan- oder Graukäse.

Knödel sind eine kulinarische Gemeinsamkeit der norditalienischen Regionen Südtirol und Trentino mit Bayern und Österreich. In Italien tragen sie den zierlichen Namen „canederli", obwohl sich darunter von den kleinen Käsnocken bis zu ausgewachsenen Exemplaren von gut zehn Zentimetern Durchmesser eine Fülle von unterschiedlichen Sorten versammelt. Zum Beispiel Speckknödel, Tiroler Knödel, Hirnknödel, Leberknödel, Schwarzplentenknödel, Fastenknödel, Wirsingknödel, Semmelknödel und auch noch süße wie Topfen-, Zwetschgen- und Marillenknödel.

Kampanien
Toskana

Neapolitanische Nocken
Spinat-Nocken

NEAPOLITANISCHE NOCKEN
500 g Kartoffeln, mehlig kochend
Salz
250 g Mehl

SPINAT-NOCKEN
500 g frischer oder 450 g tiefgefrorener Blattspinat
3 EL Semmelbrösel
400 g Ricotta oder sehr trockener Schichtkäse
100 g Vollkornmehl
100 g geriebener junger Pecorino
4 Eier
Salz
weißer Pfeffer
geriebene Muskatnuß

80 g Butter
100 g geriebener Pecorino zum Bestreuen

NEAPOLITANISCHE NOCKEN

Strangolapreti

Die Kartoffeln mit der Schale garen. Solange sie noch heiß sind, schälen und durch die Kartoffelpresse drücken. Einen gestrichenen Teelöffel Salz dazugeben und das Mehl darübersieben. Mehl und Kartoffeln mit einem Rührlöffel gut vermengen, bis der Teig nicht mehr klebt und sehr geschmeidig ist. ½ Stunde ruhen lassen. Etwa 1½ cm starke Rollen auf dem bemehlten Teigbrett formen. Davon halbfingerlange Stücke abschneiden und etwas flach drücken. Noch einmal ½ Stunde ruhen lassen, damit das Mehl gut bindet. In kochendes Salzwasser einlegen und, wenn sie wieder oben schwimmen, herausnehmen und auf einer vorgewärmten Platte anrichten. Dazu gibt's Tomatensauce mit Basilikum (Rezept s. Seite 168).

Als die „strangolapreti", die Pfaffenwürger, noch aus Hirse und ohne Eier geknetet wurden, mag's schon sein, daß diese den verwöhnteren Gaumen eines Priesters würgten.

SPINAT-NOCKEN

Gnocchi casentinesi

Den frischen Spinat putzen, Stengel abschneiden und die Blätter waschen. Abtropfen lassen und, ohne weiteres Wasser hinzuzufügen, in einem Topf so lange dünsten, bis die Blätter in sich zusammengefallen sind. Abgießen und Spinat auf einem Haarsieb ausdrücken, den Spinatsaft dabei auffangen. Den Spinat fein hacken.

In einer Schüssel die Semmelbrösel mit 50 ml Spinatsaft etwas befeuchten, gehackten Spinat, Ricotta oder Schichtkäse, Mehl, Pecorino, Eier, Salz, Pfeffer und Muskat dazugeben und sehr gut verkneten.

Mit 2 Eßlöffeln walnußgroße Bällchen formen. In siedendem Salzwasser gar ziehen lassen. Mit geschmolzener Butter übergießen und mit geriebenem Pecorino bestreuen.

Maisauflauf mit Fontina-Käse

1 gestrichener TL grobes Meersalz
300 g grobes gelbes Maismehl oder Polenta-Grieß
frisch gemahlener Pfeffer
2 TL gehackte Kräuter (Thymian, Majoran, Oregano)
180 g Fontina-Käse aus dem Aosta-Tal, in Scheiben geschnitten
30 g Butter

Polenta e fontina in torta

In einem großen Topf 1½ Liter Wasser zum Kochen bringen und salzen. Das Maismehl langsam unter ständigem Rühren (zuerst mit dem Schneebesen, dann mit einem Holzlöffel) einrieseln lassen. Das Kochen der Polenta dauert bei kleiner Flamme eine ¾ bis 1 Stunde. Während dieser Zeit muß ständig gerührt werden, sonst brennt sie an. Wenn sich die Polenta vom Topf löst, in eine mit kaltem Wasser ausgespülte runde Form gießen. Abkühlen lassen und stürzen. Waagerecht mit einem Faden in ½ cm starke Scheiben schneiden.

In eine ausgebutterte Auflaufform abwechselnd eine Scheibe Polenta und eine mit Pfeffer und Kräutern bestreute Schicht Fontina-Käsescheiben einsetzen. Die oberste Schicht sollte Polenta sein. Mit Butterflöckchen belegen und im vorgeheizten Backofen bei 200 °C, Gas Stufe 3, etwa eine halbe Stunde backen, bis der Auflauf eine schöne goldbraune Kruste bekommt.

Polenta stammt wohl vom lateinischen „puls" ab, das heißt Brei. Der wurde zuerst aus gemahlenem Getreide oder aus Gemüse gekocht. Im Mittelalter bestand er aus Bohnen, die im Mörser gestoßen, mit Zwiebeln und Olivenöl gemischt und mit Salbei, Feigen oder Honig gewürzt wurden. Auch nachdem Gerstenmehl, Hirse oder Buchweizen die Grundlage der Polenta bildeten, galt sie immer als Brotersatz der Armen. Und als im 19. Jahrhundert Mais angebaut wurde, war Polenta oft das einzige Nahrungsmittel, das den Bauern ausreichend zur Verfügung stand. Heute wird Polenta nur noch aus „farina gialla", gelbem oder weißem Maismehl gekocht. In vielen Regionen Italiens ist es eine beliebte Beilage. Je nach Mahlung, Mais- und Wasseranteil wird sie in Norditalien fester, in Mittelitalien weicher, breiförmiger gereicht. Häufig wird der feste Maisbrei noch gebraten, gegrillt oder wie bei diesem piemonteser Rezept als Bestandteil eines Auflaufs verwendet.

Ravioli mit Spinat und Ricotta

Für den Nudelteig:
400 g Weizenmehl, Type 405
4 Eier
1 gestrichener TL Salz
1 EL natives Olivenöl extra

Für die Füllung:
200 g junger Spinat
30 g Butter
Salz
Pfeffer
250 g frischer Ricotta oder Schichtkäse
Muskatnuß

2 El Olivenöl
120 g Butter
8 Salbeiblätter

Tip:
Den Teig für gefüllte Nudeln immer sofort weiterverarbeiten, weil dann die Nudelbahnen besser aufeinander haften.

Ravioli di magro
Für den Nudelteig das Mehl auf dem Teigbrett aufhäufen, in der Mitte eine Mulde eindrücken, die frisch aufgeschlagenen Eier hineingleiten lassen, Salz und Olivenöl dazugeben. Die Eier mit einer Gabel 1 bis 2 Minuten lang schlagen. Dann immer wieder etwas Mehl dazugeben, bis ein Teig entsteht. Jetzt von den Rändern her das Mehl mit den Händen darunterkneten, bis der Teig fest und geschmeidig ist und nicht mehr klebt. Bis zum Ausrollen in Klarsichtfolie einpacken.
Für die Füllung den Spinat gut waschen, aus dem Wasser nehmen und mit dem anhaftenden Wasser in einem größeren Topf kurz erhitzen, bis die Blätter in sich zusammenfallen. Mit einem Stich Butter verfeinern und durchschwenken, mit Salz und Pfeffer würzen. Wenn der Spinat etwas abgekühlt ist, gut ausdrücken und auf dem Schneidbrett fein hacken. Mit Ricotta oder abgetropftem Schichtkäse gut vermengen, eventuell nachwürzen und mit frisch gemahlener Muskatnuß das Aroma steigern.
Den Nudelteig in mehreren Schritten immer dünner auswalzen und über das bemehlte Raviolibrett legen. Die Vertiefungen für die Füllung zeichnen sich so auf dem Teig ab. Die Spinat-Ricottamasse mit einem Teelöffel einfüllen. Die Teigbahn mit wenig Wasser rings um die Füllungen befeuchten, eine zweite Teigplatte darüberlegen und leicht andrücken. Teigplatten umdrehen und mit dem Teigrädchen Quadrate ausradeln. In leise kochendem Salzwasser mit Olivenöl in wenigen Minuten gar ziehen lassen.
Die Butter mit den Salbeiblättern in einer kleinen Kasserolle schmelzen, ein paar Minuten warm halten, daß der Salbei sein Aroma abgeben kann. Dann über die abgetropften Ravioli verteilen. Auf heißen Tellern servieren.

Ravioli sind für viele „buongustai“ der Inbegriff der leichten und duftenden italienischen Küche und eine glückliche Verschmelzung von Pasta, Gemüse, Käse und Fleisch. Mit dem abgebildeten Raviolibrett sind sie außerdem ganz einfach herzustellen.
Ihren Namen haben sie von der bekanntesten Füllung aus Ricotta und Blättern von Rüben, die im Mittelalter „rabiola“ nach „rape“, der Rübe, genannt wurden.

Pasta mit Trüffeln

SPAGHETTINI MIT SCHWARZEN TRÜFFELN
70 g schwarzer Trüffel
2 Sardellenfilets
5 Stengel Blattpetersilie
5 EL natives Olivenöl extra
500 g Spaghettini
Salz

BANDNUDELN MIT WEISSEN TRÜFFELN
500 g Bandnudeln (Fettuccine)
Salz
80 g Butter
200 g Schlagsahne
1 Knoblauchzehe
Pfeffer
80 g frisch geriebener junger Parmesan
30 g weißer Trüffel

SPAGHETTINI MIT SCHWARZEN TRÜFFELN

Spaghettini al tartufo nero

Die schwarzen Trüffel sorgfältig, ohne sie anzufeuchten, abbürsten und in hauchfeine Scheiben hobeln. Die Sardellen kurz wässern, auf Küchenkrepp trocknen und sehr fein hacken. Petersilie von den Stengeln zupfen und fein schneiden. Das Olivenöl erwärmen, aber nicht zu heiß werden lassen, die Sardellen einrühren und mit einer Gabel zerdrücken. Dann die Petersilie dazugeben und ganz zum Schluß die Trüffelspäne.
Spaghettini in Salzwasser bißfest garen, abgießen und gut abtropfen lassen. Die Trüffelsauce darüber verteilen und sofort anrichten.

BANDNUDELN MIT WEISSEN TRÜFFELN

Fettuccine al tartufo bianco

Einen Topf mit Salzwasser aufsetzen und die Bandnudeln darin bißfest garen. In einer Kasserolle die Butter schmelzen, die Schlagsahne dazugießen, die Knoblauchzehe einlegen und bei geringer Hitze etwa 15 Minuten köcheln, dabei mit einem flexiblen Schneebesen ununterbrochen schlagen. Vom Feuer nehmen, die Knoblauchzehe herausnehmen, mit Salz und Pfeffer mild würzen und den geriebenen Käse unterheben. Nach 3 bis 5 Minuten, wenn der Käse geschmolzen ist, durchrühren und über die gerade abgegossenen Fettuccine gießen. Gut durchmischen und die Nudeln auf Teller verteilen.
Mit dem Trüffelhobel über jeden angerichteten Nudelteller hauchfeine Scheiben vom weißen Trüffel verteilen und servieren.

Weiße Trüffel aus Alba im Piemont, aus Umbrien oder der Toskana sind ein besonderes Erlebnis und normalerweise fast unbezahlbar (das Kilo bis zu 8000 Mark). Wir haben das Glück, daß wir manchmal von Bauern eingeladen werden, die mit ihren klapprigen Mischlingshunden fündig wurden. Dann wird beim Essen großzügig über die Nudeln gehobelt.
Weiße Trüffel haben ein intensives Aroma mit einem kräftigen Hauch von Knoblauch. Man muß sie mögen, nicht weil sie teuer sind, sondern weil sie so gut sind. Übrigens durften und dürfen in Italien weiße Trüffel nicht in der Eisenbahn transportiert werden. Vielleicht, damit nicht alle Reisenden ins Träumen verfallen, so wie wir, jedes Jahr im Herbst.

Vollkorn-Bigoli mit Entenragout

Für die Bigoli:
100 g Buchweizenmehl
200 g Weizenvollkornmehl, Type 1050
3 Eier
20 g geklärte Butter
100 ml Milch
Salz

Für das Ragout:
2 mittelgroße Zwiebeln
2 Möhren
1 Stange Staudensellerie
2 Lorbeerblätter
1 Nelke
schwarze Pfefferkörner
75 g Rohschinken, fein geschnitten
3 EL natives Olivenöl extra
300 g Wildentenfleisch, ohne Knochen und Haut
1,5 kg Flaschentomaten
1 EL Mehl
½ Liter Rotwein, am besten Cabernet aus Venetien
75 g geschälte Mandeln
¼ Liter Fleischbrühe
Muskatnuß
Cayenne-Pfeffer
Salz

Bigoli col anatra

Für die Bigoli zunächst aus Buchweizen- und Vollkornmehl, Eiern, Butter, Milch und Salz einen Teig rühren. Er muß so lange geknetet werden, bis er geschmeidig ist und mit der Nudelwalze verarbeitet werden kann. Bigoli werden etwas dicker gewalzt als Spaghetti. Wenn sie aus dem Schneidwalzenpaar der Nudelmaschine herauskommen, etwa 30 cm lange Fäden abnehmen und auf einem Papierbogen kurze Zeit trocknen lassen.

Für das Ragout zuerst ein „battuto" herstellen, also Zwiebeln, Möhren, Staudensellerie putzen und fein hacken. Mit Lorbeerblättern, Nelke und ein paar ganzen Körnern schwarzem Pfeffer würzen und in einer Pfanne zusammen mit dem Rohschinken im Olivenöl bei mittlerer Hitze Farbe und Aroma ziehen lassen. Aus der Pfanne nehmen. Das Wildentenfleisch würfeln und gut 7 bis 10 Minuten bei kräftiger Hitze in der Pfanne anbraten. Erst jetzt das Röstgemüse und die Gewürze wieder dazugeben.

Die Tomaten überbrühen, häuten, halbieren und die Kerne mit einem Teelöffel herausnehmen. Die Tomatenhälften in Stücke schneiden, mit den Mandeln zum Ragout in den Topf geben, Mehl darüberstreuen und erhitzen. Mit dem Rotwein auffüllen und im offenen Topf 20 Minuten leise köcheln. Wenn der Wein etwas verdampft ist, die Fleischbrühe zugießen, mit frisch geriebener Muskatnuß und einer Messerspitze Cayenne-Pfeffer würzen und gut durchrühren.

Die Bigoli in Salzwasser bißfest kochen, abgießen und in einer vorgewärmten Schüssel anrichten. Das aromatische Entenragout über die dampfenden Bigoli gießen und servieren.

Wir hatten einfach Hunger, schließlich war es lange nach zwei Uhr. Wir waren auf einer Reise zu den Villen des Palladio im Hinterland von Vicenza. Ein ländlicher Gasthof mit dem Charme eines Wartesaals 3. Klasse war das einzige Lokal in der Nähe. Und die Wirtin meinte, sie hätte heute nichts zu bieten als ein paar Scheiben Soppressata, frisch gemachte „bigoli", eine Spezialität aus Venetien, und ein bißchen Entenragout. Von Bigoli hatte ich noch nie etwas gehört, aber ihre Beschreibung klang verlockend – und der Geschmack überzeugte.

1990
REFOSCO
DEL FRIULI
75cl e

Nudeln mit Kürbisfüllung

Für die Füllung:
1,5 kg gelbes Kürbisfleisch, mit der Schale
100 g zerstoßene Amaretti-Kekse
150 g Cremoneser Senffrüchte, in Sirup eingelegt
50 g frisch geriebener junger Grana padano
Salz, Pfeffer
1 EL Zitronensaft
abgeriebene Schale von 1 unbehandelten Zitrone

Für den Nudelteig:
300 g Weizenmehl, Type 405
3 Eier
Salz
1 EL natives Olivenöl extra

1 Ei zum Bestreichen
Salz fürs Kochwasser
120 g Butter

Tortelli di zucca

Die Füllung am Tag vorher zubereiten. Dazu den Kürbis in Spalten schneiden und Kerne herausnehmen. Im Backofen in der Fettpfanne bei 220 °C, Gas Stufe 4, garen. Wenn das Kürbisfleisch weich ist, die Spalten schälen, im Mixer pürieren und das Mus mit den zerstoßenen Amaretti-Keksen vermengen. Die Senffrüchte sehr fein schneiden, 3 Eßlöffel des Sirups und den jungen Grana padano daruntermischen und mit Salz, Pfeffer, Zitronensaft und -schale abschmecken. Wenn die Füllung etwas zu feucht sein sollte, noch einige Amaretti zerstoßen und dazugeben. Zugedeckt für eine Weile kühl stellen.

Für die Nudeln aus Mehl, Eiern, Salz und Olivenöl (wie auf Seite 106 beschrieben) einen Pastateig zubereiten und dünn auswalzen. Davon 8 cm große Quadrate ausschneiden. In die Mitte jeweils einen Teelöffel der Kürbisfüllung setzen, den Rand mit verquirltem Ei bestreichen, die Quadrate diagonal zu Dreiecken falten und die Ränder festdrücken. Die Dreiecke um den Zeigefinger rund formen und die Spitzen zusammendrücken. Auf einem sauberen Küchentuch etwas trocknen lassen. In siedendem Salzwasser einige Minuten gar ziehen lassen, abgießen und mit geschmolzener Butter anrichten.

Wir machen auf unserer Fahrt durch die Po-Ebene fast immer Station „Da Alfeo" in San Giacomo sul Po, einem winzigen Dorf. Vater Alfeo hat mir elegant ein Vorurteil ausgetrieben, als er mich ohne Worte seinen guten Lambrusco probieren ließ. Die Frauen kochen eine typisch mantovaner Küche mit mindestens vier Sorten Pasta. Dann gibt's noch ein paar deftige Fleischgänge. Da ist ein kleiner Spaziergang auf dem Damm unter den riesigen Pappeln anschließend genau das richtige.

Spaghettini mit Meeresfrüchten

400 g Meeresfrüchte, frisch gefangen (kleine Kraken, Tintenfische und Kalmare, Scampis oder Garnelen)
Salz
150 g Miesmuscheln
150 g Venusmuscheln
2 Knoblauchzehen
1 mittelgroße Zwiebel
8 EL natives Olivenöl extra
5 vollreife Flaschentomaten
1 Bund Blattpetersilie, gehackt
2 Lorbeerblätter
5 Basilikumblätter, kleingezupft
grobes Meersalz
weißer Pfeffer
350 g Spaghettini
etwas Olivenöl fürs Nudelwasser und zum Bestreichen des Papiers
⅛ Liter trockener Weißwein (z.B. Vernaccia)

Spaghettini con frutti di mare al cartoccio

Die Meeresfrüchte in Salzwasser waschen und eine Weile darin liegen lassen, damit sie den Sand verlieren. Dann bei Kraken, Tintenfischen und Kalmaren Eingeweide, Tintenbeutel, Kalkblätter und Kauwerkzeuge entfernen und in gleich große, mundgerechte Stücke schneiden. Die Muscheln waschen. Bei den Miesmuscheln den Bart abziehen. Alle Muscheln müssen geschlossen sein. Sie öffnen sich beim Kochen. Angeschlagene oder offene Muscheln und alle, die sich beim Kochen nicht öffnen, wegwerfen.

Knoblauch und Zwiebel abziehen, fein hacken und in Olivenöl anrösten. Die Tomaten kochend heiß überbrühen, häuten, Kerne entfernen, grob würfeln und mitbraten. Mit der Blattpetersilie, Lorbeer, Basilikumblättern, grobem Meersalz und weißem Pfeffer würzen. In dieser sämigen Sauce die vorbereiteten Meeresfrüchte – ohne Scampis oder Garnelen – 10 Minuten köcheln lassen. Inzwischen in Salzwasser mit einem Schuß Olivenöl die Spaghettini kurz kochen, sie sollen noch sehr bißfest sein.

Große Stücke Pergament- oder Butterbrotpapier ausbreiten und mit einem Backpinsel mit Olivenöl bestreichen. Darauf abwechselnd eine Schicht Spaghettini und eine Schicht Meeresfrüchte mit Sauce sowie einige der rohen Scampis oder Garnelen schichten, mit einem Spritzer Vernaccia befeuchten und mit der Klammerzange gut verschließen. Die Pergament-Pakete auf dem Rost im vorgeheizten Backofen bei 200 °C, Gas Stufe 3, in 10 bis 15 Minuten garen. Die Pakete auf großen Tellern oder einer Platte servieren und erst am Tisch öffnen.

Samstags gibt's auf dem Markt frischen Fisch und viele Meerestiere. Es ist eine Lust, da einzukaufen. Und abends warten unsere jungen Freunde auf Frutti di mare al cartoccio, eine Spezialität aus den Marken. Verpacken macht eben nicht nur Herrn Christo mit Reichstagen Spaß, auch kleinere Sachen bringen Vergnügen. Aber wir meinen, es sollte keine Alufolie, sondern Pergament oder Packpapier – und in handfesten Fällen eben Ton – sein, denn in Papier ist das Garen für die Spaghettini und Meeresfrüchte kein Dampfbad, sie garen trockener, schmecken kraftvoller und konzentrierter.

Denominazione di origine
ITALIA
750 ML

Breite Nudeln mit Hasenragout

Für den Nudelteig:
500 g Weizenmehl,
Type 405, am besten
Hartweizenmehl
4–5 Eier, Salz
1 EL natives Olivenöl extra

Für das Ragout:
1 Zwiebel, 2 Möhren
1 Stange Staudensellerie
6 EL natives Olivenöl extra
½ junger Wildhase mit
Herz, Lunge und Leber
6 Stengel Blattpetersilie,
fein gehackt
2 Salbeiblätter
3 Lorbeerblätter
2 Stengel Thymian
Salz, Pfeffer
6–8 Würztomaten
⅛ Liter Chianti
½ Liter Gemüsebrühe
30 g Butter

4 EL frisch geriebener
junger Pecorino

Pappardelle sulla lepre

Für den Nudelteig aus Mehl, Eiern, Salz und Öl (wie auf Seite 106 beschrieben) einen Teig kneten und eine Spur dicker ausrollen als sonst. In 4 bis 5 cm breite Streifen schneiden, jeweils etwa 6 bis 8 cm lang. Das sind richtige senesische Pappardelle, die dort allerdings *maccheroni* heißen.

Für das Ragout Zwiebel, Möhren und Staudensellerie putzen, klein hacken und in Olivenöl anrösten. Das Hasenfleisch säubern, entbeinen und von den Sehnen befreien. Das Hasenherz und das Fleisch in zentimeterstarke Würfel schneiden, die Lunge etwas feiner. Die Wildwürfel und die Gewürzkräuter mit dem Röstgemüse 6 bis 8 Minuten anbraten, salzen und pfeffern. Die Würztomaten kleinschneiden, zum Fleisch in die Kasserolle geben und 1½ Stunden schmoren. Die Hasenleber würfeln und dazugeben. Den Chianti angießen, mit der Gemüsebrühe auffüllen und das Ragout mit etwas Butter binden.

Die Pappardelle in siedendem Salzwasser in wenigen Minuten gar kochen und abgießen. Auf die Teller verteilen und das würzige Ragout darübergeben. Mit Käse bestreut servieren.

Es ist mit Sicherheit sinnvoll, spezielle Pasta-Arten bestimmten Saucen und Ragouts zuzuordnen. Und zu diesem kräftigen, intensiv würzigen Wildragout sind Pappardelle genau das richtige. Außerdem sollte man manche Pasta eben nicht fertig kaufen, sondern frisch zubereiten. Dazu gehören auch Pappardelle, die in Siena, wo unser Rezept herstammt, etwas dicker und größer gemacht werden als die, die es zu kaufen gibt. Und selbstgemacht schmecken sie auch besser – nach frisch gemahlenem Hartweizenkorn.

CASTELLO DI VOLPAIA

Grüne Lasagne

Für die Béchamel-Sauce:
50 g Butter
50 g Weizenmehl
½ Liter heiße Milch
Salz, weißer Pfeffer

Für die Bologneser Fleisch-Tomaten-Sauce:
1 mittelgroße Zwiebel
1 Möhre
1 Stange Staudensellerie
80 g durchwachsener Bauchspeck
50 g Butter
150 g Schweinehackfleisch
150 g Rinderhackfleisch
⅛ Liter Rotwein
2 EL Tomatenmark
Salz, schwarzer Pfeffer
2 Nelken
150 ml warme Milch
150 ml Gemüsebrühe

Für die Spinat-Nudeln:
200 g frischen Spinat
Salz, 250 g Weizenmehl, Type 405
2 Eier

Salz und Olivenöl fürs Nudelwasser
80 g Butter
100 g frisch geriebener junger Parmesan

Tip:
Die Pastablätter unter fließendem kaltem Wasser abkühlen, abreiben und auf Geschirrtüchern oder Küchenkrepp trocknen.

Lasagne verdi al forno

Für die Béchamel-Sauce mit Butter und Mehl auf kleinem Feuer eine helle Mehlschwitze kochen. Die Milch zuerst in kleinen Portionen, den Rest auf einmal zugießen, dabei gründlich rühren, mit Salz und Pfeffer abschmecken und bei mittlerer Hitze etwa 5 Minuten kochen.
Für die Bologneser Fleisch-Tomaten-Sauce Zwiebel, Möhre und Sellerie putzen und mit dem Speck fein schneiden. In einem gußeisernen oder irdenen Topf mit kräftigem Boden in der Butter zuerst den Speck auslassen, dann Zwiebeln und Gemüse so lange braten, bis das Wasser verdampft ist. Beide Hackfleisch-Portionen darin anbraten, den Rotwein angießen und dabei gründlich durchrühren. Das Tomatenmark auflösen und zum Hackfleisch geben, salzen und mit Pfeffer und Nelken würzen. Nach dem Zugießen der Milch, nur noch auf sehr kleiner Flamme im zugedeckten Topf etwa ½ Stunde köcheln. Von Zeit zu Zeit etwas Gemüsebrühe oder heißes Wasser dazugeben, damit das Ragout nicht zu trocken wird.
Für die Spinat-Nudeln vom Spinat die Stiele entfernen und die Blätter (wie auf Seite 106 beschrieben) waschen, dünsten, salzen, ausdrücken und hacken. Den Nudelteig mit dem Spinat herstellen (wie auf Seite 106 beschrieben) und ¼ Stunde ruhen lassen. Eine rechteckige, feuerfeste Auflaufform auswählen, die mindestens 5 bis 6 cm hoch ist. Die Lasagneblätter so dünn wie möglich auswalzen und in siedendem Salzwasser mit einem Schuß Öl etwa 1 Minute garen. Den Backofen auf 200 °C, Gas Stufe 3, vorheizen.
Die Form mit Butter ausstreichen und zuerst eine dünne Schicht Bèchamel-Sauce eingießen. Darauf Pastablätter legen. Dann Bèchamel- und Bologneser-Sauce mischen. Mindestens 5 bis 6 Lagen Pasta, Saucenmischung, Parmesan, Butterflöckchen und wieder Pasta übereinanderschichten. Die Abschlußschicht muß aus Sauce bestehen, mit Parmesan bestreut und mit Butterflöckchen belegt werden.
Die Lasagne auf der obersten Schiene des Backofens 12 bis 15 Minuten überbacken, so daß sie auf der Oberfläche eine delikate goldbraune Kruste bekommt. Köstlich schmeckt dazu grüner oder gemischter Salat.

Abruzzen/Molise
Ligurien
Lombardei

Pikante Saucen zur Pasta

PIKANTES LAMMRAGOUT
200 g Lammfleisch von Schulter, Bug oder aus der Keule
schwarzer Pfeffer
2 Knoblauchzehen
2 reife Tomaten, z.B. Flaschentomaten
1 ganze Pfefferonischote
4 EL natives Olivenöl extra
2 Lorbeerblätter, Salz
¼ Liter trockener Weißwein
⅛ Liter Gemüsebrühe

GENUESER PESTO
30–40 Basilikum-Blätter
grobes Meersalz
1 kleine Knoblauchzehe
2 EL Pinienkerne
1 EL Pecorino sardo (er sollte nicht zu scharf sein, sonst Pecorino romano nehmen)
3 EL frisch geriebener junger Parmesan
150 ml natives Olivenöl extra

GORGONZOLA-SAUCE
¼ Liter frische Schlagsahne
80 g Gorgonzola
80 g Butter, Salz
ein Hauch frisch geriebene Muskatnuß

PIKANTES LAMMRAGOUT
Ragù d'agnello all'abruzzese
Das Lammfleisch von Haut und Sehnen befreien, in kleinere Würfel schneiden und mit Pfeffer kräftig würzen. Den Knoblauch abziehen und fein hacken. Die Tomaten überbrühen, häuten und würfeln. Die Pfefferoni entkernen und in sehr feine Streifen schneiden. Olivenöl in einem Topf erhitzen, Knoblauch, Lorbeerblätter und Lammfleisch dazugeben. Bei mittlerer Hitze auf dem Herd anbraten und salzen. Nach rund 20 Minuten zwei Drittel des Weißweins angießen und zum Abdampfen etwa 10 Minuten köcheln lassen. Dann die Tomatenwürfel und die Pfefferonistreifen dazugeben. Abschmecken und, wenn nötig, nachwürzen („all'abruzzese" heißt höllisch pfefferonischarf). Auf ganz kleiner Flamme zugedeckt 1½ bis 2 Stunden köcheln. Wenn das Ragout etwas eingekocht ist, den restlichen Weißwein und etwas Brühe angießen.
Zu diesem Ragout gehören in den Abruzzen traditionell *maccheroni alla chitarra,* die man mit Hilfe eines Holzrahmens herstellt, der mit Stahlsaiten bepannt ist, also ganz wie eine Gitarre.

GENUESER PESTO
Pesto alla genovese
Die Basilikumblätter waschen und trockenschleudern. Im Marmormörser zerreiben oder im Mixer zerkleinern und etwas grobes Meersalz daruntermischen, damit die frische grüne Farbe erhalten bleibt. Die Knoblauchzehe abziehen und quetschen. Pinienkerne in einer trockenen Pfanne leicht anrösten und zerstoßen. Die beiden Käsesorten mischen und alles in eine Porzellanschüssel füllen. Mit einem Holzlöffel das Olivenöl in dünnem Strahl langsam dazumischen. Wir haben den Pesto zu Lasagnette ricce gereicht.

GORGONZOLA-SAUCE
Condimento al gorgonzola
Die Sahne in einer Kasserolle unter Rühren etwa 20 Minuten leise köcheln. Den Käse und die Butter hinzufügen, kräftig mit dem Schneebesen schlagen, bis der Gorgonzola geschmolzen ist. Die Edelschimmelteilchen schmelzen allerdings nicht. Wenig salzen und frisch geriebene Muskatnuß einrühren. Die Sauce mit gerade abgegossenen Nudeln, z.B. Orecchiette, gut durchmischen und sehr heiß anrichten.

Fleisch und Fisch

Milchlamm mit schwarzen Oliven

750 g Fleisch vom Milchlamm
120 g schwarze Oliven
½ Peperonischote
1 EL Weizenmehl
4 EL natives Olivenöl extra
Salz
schwarzer Pfeffer
1 TL getrockneter Oregano
Saft von 1 Zitrone

Tip:
Außer den aus der Keule geschnittenen Fleischscheiben eignen sich auch die kleinen zarten Lammkoteletts. Da allerdings empfiehlt sich wegen des sehr feinen Fleischaromas etwas Zurückhaltung bei den Peperoni-Schoten. Und drei Koteletts pro Person sollten es schon sein.

Agnello alle olive nere
Das Lammfleisch aus Schulter oder Keule von Haut und Sehnen befreien und in Scheiben schneiden. Die Hälfte der schwarzen Oliven entkernen und hacken. Die Peperonischote ganz fein hacken. Das Fleisch mit Mehl überstäuben und in einer schweren Gußeisenkachel in Olivenöl auf kräftiger Hitze brutzeln lassen. Fleischscheiben beidseitig salzen und so lange braten, bis sie eine schöne goldbraune Farbe bekommen haben.
Die Hitze zurücknehmen, die Hälfte des Öls mit der Saucenkelle abgießen und das Fleisch mit den gehackten und ganzen Oliven überstreuen. Mit Pfeffer, Oregano und Peperoni würzen. Kurz vor Ende der Garzeit, wenn das Fleisch zart und weich ist, mit Zitronensaft übergießen, die Flüssigkeit ein paar Minuten einkochen lassen und gut durchrühren. Dampfend heiß auf vorgewärmten Tellern anrichten.

In den Abruzzen ist das Fleisch von Milchlamm und Bergziege aus dem Gran-Sasso-Gebirge und der Berggegend der Maiella zart und auch sonst vom Feinsten. Meist ist es mit dem, was man bei uns als Peperoni bezeichnet, italienisch „peperoncino" und in den Abruzzen „diavolillo", also Teufelchen, heißt, rot und tränenfördernd gewürzt. Spielend leicht unterscheiden wir im Restaurant Touristen von Einheimischen. Nach dem ersten Gabelbissen bestellen die unkundigen Ortsfremden eine weitere Flasche Mineralwasser, die Abruzzesi aber Olio Santo, das Würzöl mit Peperoncino zum Nachwürzen.

Kalbsschnitzelchen mit Schinken und Salbei

500 g Kalbfleisch zu 8 kleinen Schnitzelchen geschnitten
4 Scheiben Parmaschinken
8 große Salbeiblätter
Salz
weißer Pfeffer
50 g Butter
1/8 Liter trockener Weißwein

Saltimbocca alla romana

Die Schnitzelchen mit der glatten Seite des Fleischklopfers oder einem breiten Kochmesser plattdrücken. Auf keinen Fall fest klopfen, sonst würde das Gewebe zerreißen und das Fleisch beim Braten austrocknen. In die Mitte jedes Kalbsschnitzels eine halbe Scheibe Schinken und darauf ein Salbeiblatt legen. Mit einem Holzspießchen feststecken. Das unbedeckte Fleisch wenig salzen und pfeffern.

In einer großen Pfanne Butter schmelzen lassen, dann die Schnitzelchen auf mittlerer Hitze rasch beidseitig bräunen, insgesamt etwa 5 Minuten. Dabei etwas flachdrücken, damit sie schnell garen. Das Fleisch gleich aus der Pfanne nehmen und auf einer vorgewärmten Platte anrichten. Mit dem Weißwein den Bratensaft in der Pfanne loskochen, kurz etwas Flüssigkeit verdampfen lassen und den sämigen Fleischsaft über die Schnitzelchen träufeln.

In Salzwasser gekochte junge Erbsen, Brokkoli, Artischocken oder Zucchini, in geschmolzener Butter geschwenkt, und sahniges Kartoffelpüree schmecken dazu ganz ausgezeichnet.

Saltimbocca heißt nichts anderes als „Spring-ins-Maul", so zart und aromatisch müssen sie sein, die kleinen Schnitzelchen. Und blitzschnell sollten sie in Butter gebraten werden, damit sie saftig und pfannenfrisch auf den Tisch kommen. Ein trockener Frascati bester Herkunft von den Castelli Romani begleitet die heitere Aufforderung vorzüglich.

VINA AUGUSTA
1995
FRASCATI
SUPERIORE
DENOMINAZIONE
DI ORIGINE CONTROLLATA
D·O·C

Geschmorte Kalbshaxe mit Mailänder Risotto

Für die Kalbshaxenscheiben:
4 Scheiben Kalbshinterhaxe, 3–4 cm stark gesägt
4 EL natives Olivenöl extra
Salz, schwarzer Pfeffer
2 EL Mehl
200 ml trockener Weißwein
2 mittelgroße Zwiebeln
2 Möhren
2 Stangen Staudensellerie
2 Knoblauchzehen
50 g Butter
1 TL feine Streifen der gelben Schale von
1 unbehandelten Zitrone
200 ml Gemüsebrühe
300 g Flaschentomaten
3 Stengel frischer oder ½ TL getrockneter Thymian
2 Lorbeerblätter

Für den Risotto:
100 g Butter
1 kleine Zwiebel, fein geschnitten
2 EL Rindermark, gehackt
1–1,2 Liter Rinderbrühe
300 g Reis (Arborio)
¼ Liter trockener Weißwein
½ TL Safranfäden
schwarzer Pfeffer, Salz
100 g geriebener junger Parmesan
5 EL Schlagsahne

Ossobuco e risotto alla milanese
Für die Kalbshaxenscheiben einen Bräter auswählen, in dem alle 4 Beinscheiben nebeneinander reichlich Platz haben, am besten einen gußeisernen. Darin Olivenöl erhitzen. Kalbshaxenscheiben salzen, pfeffern, in Mehl wenden und auf beiden Seiten knusprig goldbraun anbraten. Bratensaft mit Weißwein loskochen. Kalbshaxenscheiben aus dem Bräter nehmen und warm stellen, ebenso den Bratensaft. Zwiebeln, Möhren, Staudensellerie putzen und grob hacken, Knoblauch sehr fein schneiden. Im Bräter die Gemüse in der Butter anbraten und 5 bis 6 Minuten garen lassen. Dann Knoblauch und Zitronenschale dazugeben und weitere 3 Minuten schmoren. Die Kalbshaxenscheiben auf das Gemüse legen und den Bratensaft angießen. Nach kurzem Erhitzen mit der Brühe auffüllen. Die Tomaten überbrühen, häuten, entkernen und grob würfeln. Tomatenwürfel, Thymian und Lorbeerblätter zum Fleisch in den Bräter geben, zudecken und bei mäßiger Hitze etwa 2 bis 2½ Stunden schmoren. Dabei die Haxenscheiben immer wieder mit der Sauce von Gemüse und Fleisch übergießen, die vielleicht nochmals mit etwas Brühe verdünnt werden muß.
Für den Risotto 60 g Butter in einer größeren, flachen Kasserolle schmelzen und darin die Zwiebel und das Rindermark anschwitzen. Die Rinderbrühe erhitzen. Den Reis in die Kasserolle geben und gut durchrühren, so daß die Körner ganz mit der würzigen Butter überzogen werden. Mit dem Weißwein ablöschen. Eine Suppenkelle sehr heiße Brühe zum Reis geben und bei kräftiger Hitzezufuhr unter ständigem Rühren mit einem Holzlöffel kochen. Immer wenn die Brühe verdampft ist, erneut eine Kelle heiße Rinderbrühe zugießen. Mit den Safranfäden würzen und so lange kochen, bis alle Brühe verdampft ist, aber der Reis noch Biß hat. Mit Pfeffer und, soweit nötig, mit Salz würzen. Die restliche Butter, den Parmesan und die frische Schlagsahne unterziehen. Nach 1 bis 2 Minuten kräftigem Durchrühren ist der Käse geschmolzen. Das Haxenfleisch, wenn es zart und weich ist, mit der sämigen Sauce und dem heißen Risotto servieren.

Gegrilltes Steak nach Florentiner Art

2 große T-Bone-Steaks
von je 750–800 g,
2,5–4 cm stark
Salz
grob gestoßener
schwarzer Pfeffer
1 EL natives Olivenöl extra

Für die Rosmarin-Kartoffeln:
1 kg vorwiegend fest
kochende Kartoffeln
80–100 ml Olivenöl
1 Zweig Rosmarin
Salz
Pfeffer

Bistecca fiorentina
Vor dem Grillen das Fleisch trockentupfen und weder Fleisch noch Grillstäbe mit Öl oder Fett bestreichen. Steak auf den heißen Grillrost legen. Wenn sich die Grillstäbe auf dem Fleisch dunkel abzeichnen, am besten mit der Grillzange wenden. Nicht hineinstechen, sonst läuft der gute Fleischsaft heraus. Jetzt Oberseite salzen und mit dem grob gestoßenen schwarzen Pfeffer bestreuen, dann mit der anderen Seite genauso verfahren. 5 bis 7 Minuten auf der einen, 4 bis 5 Minuten auf der anderen Seite sind genug. Dann ist das Fleisch außen knusprig und innen rosa. Wer's blutiger will, läßt das Steak etwas kürzer, wer es ganz durch bevorzugt, etwas länger auf dem Grillrost. Auf jeden Fall aufs fertige Steak ein paar Tropfen Olivenöl träufeln. Basta.

ROSMARIN-KARTOFFELN
Patate al rosmarino
Die Kartoffeln schälen und in mäßig breite Schnitze schneiden. In einer schweren Pfanne auf mittlerer Hitze das Olivenöl mit den abgezupften Rosmarinnadeln heiß werden lassen. Die Kartoffeln in die Pfanne geben. Hitze etwas verringern und nach 5 Minuten mit der Bratschaufel wenden. So entsteht die schöne Kruste. Erst nach einer Weile wieder wenden. Geduld macht gute Röstkartoffeln. Am Schluß bei kleiner Hitze Pfanne zudecken und noch eine kurze Weile braten, bis die Kartoffeln gar sind, aber noch Biß haben, dann salzen und pfeffern.

Sie brauchen für dieses Steak gut abgehangenes Fleisch von Charolais-, Angus- oder Limousin-Rindern. Eine echte Bistecca fiorentina ist allerdings ein ordentliches Stück Fleisch vom Chianina-Rind – aber das wird in Deutschland kaum aufzutreiben sein. Der Zuschnitt des Fleisches heißt bei uns wie in den USA T-Bone-Steak.
Das Geheimnis einer aromatischen Bistecca mit zartem Fleisch ist neben der Qualität des Fleisches das rasche Garen bei großer Hitze auf dem Grill. Sicher geht es auch mit einem starken elektrischen oder Gasgrill, aber durch die Holz- und Raucharomen gewinnt das Fleisch außergewöhnlich. Besonders wenn Sie die Holzhitze unter der Bistecca noch mit ein paar Rosmarinnadeln würzen.

Gekochtes Fleisch mit grüner Sauce

Für etwa 10 Personen

Für das Fleisch:
2 Zwiebeln
Salz
4 Möhren
2 Petersilienwurzeln
2 Stangen Staudensellerie
1 Stange Lauch, nur das Weiße
12 schwarze Pfefferkörner
6 Pimentkörner
1 kg Rindfleisch von Brust oder Bug
1 kg Kalbsbrust
1 Kalbszunge
1 Poularde
500 g Schweinswurst, am besten Zampone

Für die grüne Sauce:
2 Bund Blattpetersilie
1 kleine Zwiebel
1 Knoblauchzehe
2 Sardellen
1 Brötchen
3 EL Rotweinessig
1 EL Kapern, in Essig eingelegt
3 Cornichons
150 ml natives Olivenöl extra
Salz
grob gemahlener Pfeffer

Bollito misto con salsa verde
Für das Fleisch die Zwiebeln abziehen und in der Mitte quer durchschneiden. Einen großen Suppentopf auswählen, der alles Fleisch und Gemüse faßt, ohne Fett stark erhitzen und die Schnittflächen der Zwiebeln so lange fest auf den Topfboden drücken, bis sie fast schwarz sind. Das gibt der Brühe die goldgelbe Farbe und ein wunderbares Aroma.
Etwa 4 Liter Wasser, Salz, die geputzten und zerkleinerten Gemüse, Zwiebeln und Gewürze im Suppentopf zum Kochen bringen. Das Rindfleisch ins siedende Wasser einlegen, den Schaum abschöpfen und nach 1 Stunde Kochzeit auch Kalbfleisch, Zunge und Poularde dazugeben. Nach einer weiteren Stunde die Kalbszunge aus der Brühe nehmen, unter kaltem Wasser kurz abschrecken, nach einem Kreuzschnitt an der Zungenspitze die Haut abziehen und die Zunge wieder in den Topf geben. Nach weiteren 20 Minuten die Wurst zum Erhitzen einlegen.
Das Fleisch ist nach insgesamt 2½ Stunden Garzeit saftig zart.
Für die grüne Sauce Blattpetersilie von den Stengeln zupfen. Zusammen mit der Zwiebel und der Knoblauchzehe sehr fein hacken. Die Sardellen entgräten und musig zerdrücken. Vom Brötchen die dunkle Brotkrume abreiben und das Innere mit dem Essig übergießen, wieder ausdrücken und zerpflücken. Kapern und Cornichons kleinschneiden. Alle Zutaten in einer Schüssel gut miteinander vermengen und mit dem Olivenöl verdünnen. Wenn erforderlich, mit ein wenig Rotweinessig, Salz und Pfeffer pikant würzen.
Nur so viel Fleisch aufschneiden, wie sofort serviert wird. Der Rest bleibt am Stück in der heißen Brühe. Fleischstücke mit grüner Sauce, Senffrüchten, Cornichons oder Rote-Bete-Salat auftragen.

Bollito misto aus dem Piemont ist ein Hauptgang für große Familienfeste oder ein Treffen mit Freunden. Es kann auch vorher gekocht werden und muß dann nur vor dem Anrichten 15 bis 20 Minuten in der heißen Brühe liegen. Und wenn Fleisch und Brühe übrig bleiben, kann daraus rasch ein köstlicher Fleischsalat oder eine kräftige Suppe mit Fleisch- und Gemüseeinlage zubereitet werden.

PAOLO
SCAVINO
BAROLO
1992
ITALIA

Kaninchen nach Art von Reggio

8 EL Rotwein-Essig
10 EL natives Olivenöl extra
1 EL Rosmarinnadeln
6 Salbeiblätter, in Streifen geschnitten
3 Lorbeerblätter
2 Knoblauchzehen, ganz oder halbiert
6 Wacholderbeeren
Salz
schwarzer Pfeffer
½ Liter Weißwein für die Marinade
1 frisch geschlachtetes, abgezogenes Kaninchen
1 Zwiebel, grob gehackt
2 Stangen Staudensellerie, in zentimeterlange Stücke geschnitten
Cayenne-Pfeffer
⅛ Liter trockener Weißwein für die Sauce

Tip:
Im Sommer, wenn es frisches Gemüse gibt, können Sie, wie in Reggio Emilia üblich, einige milde Paprikaschoten nach scharfem Erhitzen im Backofen schälen, in Streifen schneiden und mitgaren.

Coniglio alla reggiana

Aus Weinessig, Olivenöl, Rosmarinnadeln, Salbei, Lorbeerblättern, Knoblauch, gestoßenen Wacholderbeeren, Salz, Pfeffer und Weißwein eine Marinade herstellen und mit der Gabel gründlich mischen.

Das abgezogene Kaninchen sorgfältig ausnehmen, zerlegen, waschen und mit Küchenkrepp trockentupfen. Die Kaninchenteile für etwa 6 bis 8 Stunden einlegen und immer wieder gut mit der Marinade begießen.

Etwa die Hälfte der Marinade in einen Keramik- oder Gußeisentopf gießen, Zwiebel und Sellerie hinzufügen und das mit Salz und Pfeffer gewürzte Kaninchenfleisch zugedeckt bei mittlerer Hitze im Backofen eine gute Stunde schmoren. Dann den Topfdeckel abnehmen, die Temperatur etwas erhöhen und das Fleisch goldfarbig bräunen. Mit Cayenne-Pfeffer noch etwas Schärfe verleihen. Die eingekochte Sauce mit etwas Weißwein verflüssigen, gut durchrühren und anrichten. Dazu paßt heiße, weiche Polenta.

Das bei uns verächtlich „Stallhase“ genannte Kaninchen hat in den letzten Jahren durch die italienische Küche mit ihren guten Gewürzen und frischen Gemüsen eine neue Wertschätzung erfahren. Das gilt vor allem für die jungen Tiere, wenn man ihre Teilstücke entsprechend zubereitet. So ist zum Beispiel der Rücken ideal für kurzes Garen auf dem Grill. Vorderläufe, Schultern, Keulen und Brust gewinnen durch Einlegen in Marinade mit vielen aromatischen südlichen Gewürzkräutern an delikatem Geschmack und bleiben vor allem saftig und zart. Häufig wird in italienischen Rezepten Kaninchenfleisch für längere Zeit in fließendes kaltes Wasser gelegt. Dabei verliert es Mineralstoffe und Vitamine. Uns ist die natürliche Farbe des Kaninchenfleisches angenehm, deshalb marinieren wir's vor dem Schmoren.

Perlhuhn im Tonmantel

1 Perlhuhn
Salz
weißer Pfeffer
1 Zweig Rosmarin
2 Zweige Thymian
1 Zweig Salbei
knapp ⅛ Liter Vin Santo
4 Scheiben luftgetrockneter Bauchspeck
4–5 kg Ton oder Lehm
2 Bogen Pergament- oder Butterbrot-Papier
1 EL Olivenöl

Faraona alla creta

Das gerupfte und ausgenommene Perlhuhn abflämmen und innen wie außen gut waschen. Mit Küchenkrepp trockentupfen. Innen und außen mit Salz und Pfeffer einreiben. Die Gewürze in die Bauchhöhle stopfen und den Vin Santo dazu hineingießen. Die Speckscheiben über die Brustseite legen. Den Backofen auf 225 °C, Gas Stufe 4, vorheizen. Aus dem Tonblock 2 Platten formen, die das Geflügel gut bedecken. Die eine auf ein Backblech legen. Zwei Bogen Pergamentpapier mit Olivenöl bestreichen und das Huhn darin einpacken. Auf die Tonplatte legen, mit der zweiten Tonplatte abdecken und an den Rändern zusammendrücken. Nun können Sie Ihrer Phantasie freien Lauf lassen und die geschlossene Tonform mit Ritz- oder Reliefdekor, Art Deco oder stilecht langobardischem Flechtband verzieren – ganz nach Lust und Begabung. Dann gleich in den heißen Backofen schieben. Nach 1½ Stunden die Temperatur auf 150 °C zurücknehmen. In 2 bis 2½ Stunden ist das Geflügel gerade gar, noch saftig-zart und duftet herrlich nach den Gewürzen. Es wird in der Tonform auf dem Backblech serviert. Durch leichte Schläge mit einem Hammer bringt man die Tonform zum Springen. Die krossen Speckscheiben schmecken übrigens auch sehr gut.

Dieses toskanische Gericht ist gut und gern ein Jahrtausend alt, die Langobarden kannten es schon. Aus drei guten Gründen sollten Sie Ihre Freunde bei der nächsten Einladung mit diesem Perlhuhn überraschen. Grund Numero eins: Wenn alles gut vorbereitet und das Perlhuhn in den Backofen geschoben ist, haben Sie gute zwei Stunden Zeit, um sich auf Ihre Gäste zu freuen und ein festliches Gewand anzulegen. Es gart völlig ohne Zugucken und ohne jegliche Wartung. Grund Numero zwei: Dieses Perlhuhn in der Tonform richtet man nicht an oder serviert es, sondern man präsentiert es durch Aufschlagen der Tonform. Eine wunderbare Schau für Grund Numero drei: Es duftet und schmeckt einfach umwerfend gut!

Poularde in Rotwein

20 g getrocknete Steinpilze
1 Poularde
1 EL Weizenmehl
1 große Zwiebel
70 g Schinkenspeck
50 g Butter
2 cl Grappa
Salz
schwarzer Pfeffer
Cayenne-Pfeffer
Muskatnuß
750 ml Rotwein aus dem Veneto, z.B. Cabernet
100 g rohes Schweinswurstbrät

Pollo al vino rosso

Zuerst die getrockneten Steinpilze in handwarmem Wasser eine gute halbe Stunde einweichen. Die gerupfte Poularde säubern, abflämmen, so daß die kleinen Federn verbrennen, ausnehmen und unter fließendem Wasser waschen. Mit Küchenkrepp innen und außen trockentupfen, zerlegen und die Geflügelteile mit Mehl überstäuben.

Zwiebel und Schinkenspeck fein würfeln, in 30 g Butter goldfarbig anrösten und mit 2 Eßlöffeln heißem Wasser ablöschen. Nach dem Verdampfen des Wassers die Geflügelteile anbraten, mit Grappa gut befeuchten und flambieren. Poulardenstücke salzen, mit Pfeffer, einem Hauch Cayenne-Pfeffer und frisch geriebener Muskatnuß würzen und den Rotwein angießen. Bei mäßiger Hitze köcheln. Die Steinpilze und das Wurstbrät zerkleinern.

Wenn die Geflügelstücke gar sind, die restliche Butter, Steinpilze und Wurst hinzufügen, gut durchmischen und das Fleisch mit der Sauce häufig übergießen, damit es die Aromen aufnehmen kann. Noch etwa 10 bis 15 Minuten köcheln.

Gegrillte oder angebratene Polenta dazu reichen.

Für die Qualität dieses weinwürzigen Gerichts aus dem Veneto ist gutes Geflügel entscheidend. Wir kaufen dafür „pollo ruspante". Das ist, was in der Schweiz „Mistkratzerli" heißt, also ein Huhn, das in Hof und Garten herumrennt und mit gemischter, natürlicher Kost, vor allem Körnern, aufwächst. Dieses glückliche Federvieh schmeckt einfach kräftiger und würziger als das bedauernswerte Käfiggeflügel.

OVELLE
ALANTI
E ED INEDITE
DI
TTISTA CASTI
QUATTRO VOLUMI.
ITALIA
1828.
GRAPPA
PER AMICI

Wildschwein in Schoko-Pflaumen-Sauce

100 g Dörrpflaumen
75 g Sultaninen
600 g Wildschwein-Koteletts, -Rücken oder -Keule
75 g durchwachsener Speck, fein geschnitten
3 EL natives Olivenöl extra
Salz
50 g bittere Blockschokolade
2 EL brauner Zucker
1/8 Liter Rotweinessig
3 Lorbeerblätter
1 Msp. gemahlener Zimt

Cinghiale in agrodolce
Dörrpflaumen und Sultaninen in handwarmem Wasser einweichen. Die Pflaumen entsteinen. Die Koteletts entbeinen und trennen oder andere Fleischstücke in gleichstarke Scheiben schneiden. Im Schmortopf den Speck in Olivenöl glasig dünsten, die Koteletts oder Fleischscheiben beidseitig anbraten, dann salzen und weitere 10 Minuten auf kleiner Flamme braten.
Sultaninen und Pflaumen abtropfen lassen. Die Schokolade raspeln. Zucker, Essig und Lorbeerblätter in einem Töpfchen erhitzen, bis der Zucker sich restlos aufgelöst hat. Das Wildschweinfleisch mit der Essigmischung ablöschen, Trockenfrüchte, Schokolade und Zimt dazugeben und gut durchrühren. Nur bis kurz vor den Siedepunkt erhitzen, aber nicht mehr, sonst gerinnt die Schokoladen-Sauce. Das Fleisch mit der süßsauren Sauce gut bedecken und noch 1/4 Stunde warm halten, damit die Aromen gut einziehen können.
Dazu servieren wir Malloreddus, eine sardinische Pasta mit herzhaftem Biß und kräftigem Hartweizenaroma.

Auf Sardinien, im Latium, in Umbrien und der Toskana haben sich die Wildschweine außerordentlich stark vermehrt – zum Schaden der Kartoffel- und Getreidefelder, vor allem aber der Rebgärten, an denen die räuberischen Borstentiere die tiefer hängenden reifen Trauben mit Vorliebe abstreifen. Schon deshalb gehört die Saujagd zu den Leidenschaften der Italiener und das Wildbret zu den bevorzugten Gerichten, obwohl es, mit Ausnahme junger Tiere, etwas grobfaserig und zäh ist. Wildschwein legt man deshalb einen bis zwei Tage in eine Rotwein-Marinade mit grob gestoßenen Gewürzen wie schwarzer Pfeffer, Piment, Wacholder, Rosmarin, Thymian und Salbei. Heute werden besonders auch Wildschweinwürste und -salami geschätzt.

SELLA&MOSCA
1993
750 ml e
ITALIA

Trentiner Forellen

80 g Sultaninen
¼ Liter trockener Weißwein
4 Forellen à ca. 200–250 g
1 EL Weizenmehl
150 ml natives Olivenöl extra
8 Salbeiblätter
1 Rosmarinzweig
1 Handvoll Blattpetersilie
1 Knoblauchzehe
1 Zwiebel
1 Stengel Minze
abgeriebene Schale von je 1 unbehandelten Orange und Zitrone
½ Liter Weißwein-Essig

Zum Anrichten:
1 Zitrone, in Scheiben geschnitten

Trote alla Trentina

Die Sultaninen in wenig warmem Weißwein quellen lassen. Die ausgenommenen Forellen unter fließendem Wasser waschen, dann mit Küchenkrepp trockentupfen. Am Rücken kleine Kreuzschnitte machen, dann ziehen sie besser durch. Forellen in Mehl wenden. In einer flachen Pfanne die Hälfte des Öls erhitzen, mit Salbei und Rosmarin aromatisieren. Die Kräuter wieder herausnehmen und die Fische allseitig im Öl braten und bräunen.

Blattpetersilie und Knoblauch fein hacken, die Zwiebel in Scheiben schneiden. Die Zwiebel in einer feuerfesten Form mit dem restlichen Olivenöl anrösten, Petersilie und Knoblauch, Minze, Sultaninen, Orangen- und Zitronenschale sowie Weinessig und den restlichen Wein angießen und 5 Minuten köcheln lassen. Die Forellen in den heißen Wein- und Würzessig-Sud legen, zudecken und 5 bis 7 Minuten am Sieden halten. Wenn die Augen der Fische undurchsichtig-weiß werden, sind sie gar. Nach dem Auskühlen die Forellen im Sud für einen Tag in den Kühlschrank stellen.

Die kalten Forellen aus dem Sud nehmen, mit Kräutern, Zwiebelringen und Zitronenscheiben auf knusprig gerösteten Salbei-Kartoffelwürfelchen anrichten.

Im Trentino findet man in Bergseen und spritzig klaren Gebirgsbächen noch häufig die schlanke Bachforelle, die ein feineres, frischeres Aroma hat als die aus Amerika eingeführte Regenbogenforelle. Dazu paßt auch die an den Bächen wachsende Minze als Gewürz und ein trockener Chardonnay oder zarter Sauvignon blanc wie etwa der von Elisabetta Foradori aus San Michele all'Adige, kurz vor Trient.

Thunfisch auf sizilianische Art

4 Knoblauchzehen
750 g Thunfisch, am besten ein Schwanzstück
10 Blätter frische Minze
grob gestoßener schwarzer Pfeffer
grobes Meersalz
8 EL natives Olivenöl extra
1/8 Liter trockener sizilianischer Weißwein
1 Zwiebel
500 g reife Flaschentomaten

Tonno „câ cipudazza“
Den Knoblauch abziehen und 3 Zehen in schmale, dünne Stifte schneiden. In das Thunfischfleisch kleine Einschnitte machen, mit den Knoblauchstiften und Minzeblättern spicken und mit Pfeffer und Meersalz einreiben.
Etwa 6 Eßlöffel Olivenöl in einer Kasserolle erhitzen. Darin den Thunfisch ringsum braten. Wenn er goldbraun ist, mit dem Weißwein ablöschen und so lange auf der Flamme lassen, bis der Wein völlig verdampft ist. Den Fisch herausnehmen und auf einer Platte warm stellen.
Die Zwiebel abziehen, fein würfeln und mit einer gequetschten Knoblauchzehe im restlichen Olivenöl in der Bratkasserolle anrösten. Die Saucentomaten überbrühen, häuten, halbieren und die Kerne entfernen. Das Fruchtfleisch ganz fein hacken oder mit dem Handmixer grob pürieren und zu der Zwiebel geben.
Den Fisch wieder in die Kasserolle legen, den Topf mit dem Deckel verschließen und so lange garen, bis der Fisch durch, aber noch saftig ist. Das dauert, je nach Dicke des Fisches, zwischen 10 und 15 Minuten. Thunfisch vorsichtig in Portionsstücke schneiden und mit frischem Blattsalat oder auf Rukola anrichten. Die schmackhafte Sauce würzt die dazu gereichte Pasta, zum Beispiel Ziti oder die langen, starken Maccheroni.

Es stimmt schon: Thunfisch ist das Kalbfleisch des Meeres. Fest und mit rotem oder weißem Fleisch in großen, nahezu grätenlosen Stücken, ist er ideal für die Zubereitung mit vielerlei Gewürzen, Kräutern und Gemüsen. Der elegante, stromlinienförmige dunkelblaue Thunfisch erreicht bei fast drei Metern Länge bis zu 400 Kilogramm Gewicht und hat rotes Fleisch. Die etwas kleinere Art, der Albacore mit den schmalen, langen Brustflossen gibt das am meisten geschätzte, weiße Fleisch.
Bei der Zubereitung sollten Sie darauf achten, daß die großen Stücke nicht zu lange garen, sonst wird der Fisch trocken. Mit unserem Rezept bleibt der Thunfisch durch die Beigabe von Weißwein und Tomaten saftig.

D'ORO

Goldbrasse auf Kartoffeln

2 Goldbrassen von je 500 g
3 Knoblauchzehen
1 Bund Blattpetersilie
5 Kartoffeln
100 ml natives Olivenöl extra
3 EL geriebener Pecorino
25 g Butter
Salz
weißer Pfeffer

Orate alla pugliese

Die Goldbrassen schuppen, ausnehmen und unter fließendem Wasser säubern.

Knoblauchzehen und Petersilienblätter fein hacken. Kartoffeln schälen und in herzhafte Scheiben schneiden. Mit ein paar Löffeln Olivenöl den Boden einer ofenfesten Auflaufform fetten, Petersilie und Knoblauch hineinstreuen, die Hälfte der Kartoffelscheiben daraufschichten und die Hälfte des geriebenen Pecorino darübergeben. Darauf die Goldbrassen legen, mit den restlichen Kartoffeln und Käse bedecken und Butterflöckchen darüberstreuen. Mit Salz und Pfeffer würzen und das verbliebene Öl darübergießen.

Im vorgeheizten Backofen bei 180 °C, Gas Stufe 2, 45 bis 50 Minuten backen. Während dieser Zeit die Auflaufform immer wieder schütteln, damit die Kartoffeln unter den Fischen nicht anhängen.

Die „dorade royale" ist ein herrlicher blau-silbriger Fisch, den Sie sofort am typischen Stirnknick der Brassen und am Goldband zwischen den Augen erkennen. Goldbrasse muß geschuppt werden und kann dann durch Grillen, Braten, Dämpfen oder Schmoren zubereitet werden.
Ihr Fleisch ist elastisch-fest und saftig mit dem ausgeprägten Geschmack der Meeresfische, den sie in diesem Rezept aus Apulien auch an die Kartoffelscheiben vermittelt.

BIANCA DI SVEVIA
CASTEL DEL MONTE
Rivera

Rotbarben in Pergament

4 Rotbarben
4 Knoblauchzehen
1 Bund Blattpetersilie
frisch gemahlener
weißer Pfeffer
Salz
Saft und in Streifen
geschnittene Schale von
1 unbehandelten Zitrone
12 Blättchen Oregano
3 EL natives Olivenöl extra
12 schwarze Oliven

Triglie al cartoccio

Die Rotbarben vorsichtig schuppen, ausnehmen, waschen und mit Küchenkrepp trocknen. Knoblauchzehen abziehen und fein hacken. Petersilienblättchen von den Stengeln zupfen. Die Bauchhöhle der Fische mit Knoblauch, Pfeffer, Salz, etwas Zitronenschale und -saft sowie einigen Blättern Petersilie und Oregano würzen.

Dann 4 Bogen Pergamentpapier (Butterbrotpapier) mit Olivenöl bestreichen. Je einen gewürzten Fisch auf einen Bogen legen. Fische außen mit dem restlichen Zitronensaft und Olivenöl beträufeln, restliche Petersilienblätter und Zitronenschale darüberstreuen und die schwarzen Oliven darauflegen. Locker in das Pergamentpapier einpacken und auf den Grillrost des auf 250 °C, Gas Stufe 5–6, vorgeheizten Backofen legen. In 12 bis 15 Minuten sind die Rotbarben gar.

In der geöffneten Pergamenttüte auf Tellern anrichten.

Rotbarben, Kennern meist unter der französischen Bezeichung „rouget“ bekannt, gehören zu den köstlichsten Meeresfischen. Ihr zarter, feiner Geschmack wird bei der schonenden Zubereitung im Pergament erhalten. Es schützt die kleinen Fische vor zu scharfer Hitze und hält sie zart und saftig. Rotbarben können auch gegrillt werden, ohne daß man sie vorher ausnehmen muß, sie haben nämlich keine Galle. Deshalb werden sie auch „Schnepfen des Meeres“ genannt. Übrigens: Grüne und schwarze Oliven sind die Früchte ein- und desselben Baumes. Die grünen Oliven sind noch unreif, die schwarzen reif. Beide können nur nach Einlegen in Pottasche und Salz gegessen werden. Unbehandelt sind sie gallebitter und nicht genießbar.

Schwertfisch mit Steinpilzen

4 Schwertfisch-Steaks von je etwa 150 g
weißer Pfeffer
Saft von 1 Zitrone
5 EL natives Olivenöl extra
1 mittelgroße Zwiebel
1 Möhre
40 g Butter
2 Knoblauchzehen
2 Sardellenfilets, in Stücke geschnitten
2 EL Blattpetersilie, fein gehackt
1 Lorbeerblatt
⅛ Liter trockener Weißwein
⅛ Liter kräftige Fleischbrühe
600 g frische Steinpilze oder 150 g getrocknete
Salz
2 EL Weizenmehl
1 Ei

Pesce spada coi funghi porcini
Von den Schwertfisch-Steaks vorsichtig die Haut abziehen, unter fließendem kaltem Wasser gut waschen und danach mit festem Küchenkrepp trockentupfen. Die Steakscheiben auf einer größeren Porzellanplatte auslegen, pfeffern, mit Zitronensaft sowie wenigen Tropfen Olivenöl marinieren und während einer guten Stunde immer wieder wenden.
Zwiebel abziehen und sehr fein hacken. Die Möhre putzen und in dünne Plättchen schneiden. Beide Gemüse in einer flachen Kasserolle mit der Hälfte der Butter und 1 Eßlöffel Olivenöl bei gelinder Hitze anrösten, bis sie gar, aber noch nicht gebräunt sind. Eine Knoblauchzehe abziehen, zerquetschen und mitrösten, aber achtgeben, daß sie nicht braun und bitter wird.
Dann die Sardellenfilets, 1 Eßlöffel Blattpetersilie und das Lorbeerblatt hinzufügen, rasch mit dem Weißwein ablöschen und so lange köcheln, bis er verdampft ist. Etwas vom Fett abnehmen, die Fleischbrühe angießen und bei geschlossenem Deckel etwa 10 Minuten köcheln lassen.
Die Steinpilze säubern (oder die für ½ Stunde in lauwarmem Wasser eingeweichten, getrockneten Pilze abgießen) und in größere Stücke schneiden. Die zweite Knoblauchzehe abziehen, fein hacken und zusammen mit den Pilzen und der restlichen Blattpetersilie in 2 Eßlöffel Olivenöl dünsten. Wenn sie weich sind und der überschüssige Saft verdampft ist, die Pilze zu den Gemüsen geben.
Die Fischfilets aus der Marinade nehmen, trockentupfen, salzen, in Mehl und dem verquirlten Ei wenden und mit dem restlichen Olivenöl und der restlichen Butter knusprig braten. Die goldbraunen Filetstücke in eine Kasserolle legen, mit der Pilzsauce übergießen und noch 5 Minuten bei leiser Hitze durchziehen lassen.

Der Schwertfisch ist eine wahre Delikatesse unter den großen Meeresfischen. Sein reines Muskelfleisch ist sehr zart und fettarm. Durch seinen nur wenig ausgeprägten Fischgeschmack ist er für viele Zubereitungsarten besonders gut geeignet. Auf den großen Fischmärkten der Mittelmeerländer sind die torpedoförmigen, bis zu drei Meter langen Fische mit dem schwertartig verlängerten Oberkiefer eine Attraktion.

REGALEALI
TASCA D'ALMERITA

Garnelen mit Kräutern

300 g ganz frische Garnelen bzw. Scampi oder Gambas
1 Handvoll Blattpetersilie, fein gehackt
10 Stengel Basilikum, die Blätter klein gezupft
4 EL natives Olivenöl extra
3 Knoblauchzehen, feinblättrig geschnitten
1/8 Liter trockener Weißwein
Salz
weißer Pfeffer
Currypulver oder -paste
8 kleine Würztomaten
8 Weißbrotscheiben

Gamberetti alle erbe
Die frischen Garnelen aus den Schalen lösen und mit Petersilie und Basilikum bestreuen. Einen dünnen Faden Olivenöl darüberträufeln. Eine Stunde kühl stellen. Das restliche Olivenöl in einer größeren Pfanne erhitzen, den Knoblauch kurz darin ziehen lassen. Er soll Geschmack abgeben, darf aber nicht braun werden, sonst schmeckt er bitter. Knoblauch wieder absieben. In diesem Öl die Garnelen allseitig anbraten. Mit dem Weißwein ablöschen, mit Salz, weißem Pfeffer und einer Spur Curry würzen und 3 bis 4 Minuten garen – nicht länger. Die Garnelen herausnehmen, warm stellen und die Würztomaten noch 3 Minuten im Wein dünsten.
Garnelen und Tomaten auf groblöchrigen, frischen apulischen Weißbrotscheiben anrichten und etwas von der Sauce darüberträufeln.

Scampi, Garnelen oder Gambas, taufrische Küchenkräuter, vollreife Würztomaten und gutes, grobes italienisches Landbrot mit kräftiger Kruste – wenn Sie diesen Morgen alles ganz frisch auf dem Markt bekommen haben, welch ein Glück! Dann müssen Sie sich mit diesem Antipasto belohnen. Zum Ablöschen der Scampi und um Ihren Durst zu lindern, holen Sie den besten Weißwein aus dem Keller. Es könnte zum Beispiel eine Flasche „Where the dreams have no end" von Silvio Jerman aus Villanova di Farra sein.

Klippfisch mit grünen Oliven

1 mittelgroße Zwiebel
3 kleine Essig-Gürkchen (Cornichons)
60 g grüne Oliven
100 ml natives Olivenöl extra
2 EL Tomatenmark
2 TL in Essig eingelegte Kapern
Salz
Pfeffer
750 g bereits gewässerter Klippfisch
2 EL Weizenmehl
1 EL fein gehackte Blattpetersilie

Baccalà con le olive verde

Die Zwiebel abziehen und fein hacken, Essig-Gürkchen in dünne Scheiben schneiden, Oliven entkernen und grob hacken. Zwiebelwürfel in etwas Olivenöl hell anschwitzen, Tomatenmark, Gürkchenscheiben, Oliven und Kapern dazugeben, mit wenig Salz und Pfeffer würzen und so lange dünsten, bis eine cremige Tomatensauce entsteht.

Den gewässerten Klippfisch häuten, Gräten entfernen, in etwa 5 x 5 cm große Quadrate schneiden und in Mehl wenden. Dann in einer größeren, flachen Form im restlichen Olivenöl auf beiden Seiten goldbraun braten. Das Öl vom Braten weggießen, die Tomatensauce auf den Fischstücken verteilen und noch 5 Minuten köcheln lassen. Mit einem Löffel die Sauce immer wieder über den Fisch gießen und für etwa 10 Minuten in den mäßig warmen Backofen schieben, so daß alle Aromen gut in den Fisch einziehen können. Mit gehackter Blattpetersilie bestreuen und auf einer Platte anrichten.

In Italien gibt's viele und gute Gerichte aus Klipp- und Stockfisch. Dieses hier stammt aus den Marken. Trocknen und Salzen waren vor der Zeit des Tiefgefrierens die einzigen Konservierungsarten für Fisch. Und somit für Menschen, die nicht am Meer wohnten, die einzige Möglichkeit, in den Genuß von Fisch zu kommen. Dazu wird Kabeljau, Seelachs oder Schellfisch nach dem Ausnehmen und Entfernen der Köpfe an der Luft getrocknet und als Stockfisch gehandelt. Er ist hart und trocken. Klippfisch wird zuerst gesalzen und dann luftgetrocknet. Deshalb enthält er noch mehr Wasser und ist elastischer. Aber beide Fischarten müssen vor dem Zubereiten einige Tage gewässert werden.

GEMÜSE

Wildspargel-Omelett

500 g wilder Spargel
8 Eier
Salz
frisch gemahlener weißer Pfeffer
4 EL natives Olivenöl extra
150 g frisch geriebener reifer Parmesan oder Pecorino toscano

Frittata di asparagi di campo

Den Spargel in fließendem kaltem Wasser waschen. Im Sieb die Nässe abschleudern oder auf einem sauberen Küchentuch trocknen. Vom Spargelkopf ausgehend 5 cm lange Stücke abbrechen. Mit den Händen spüren Sie am besten die Stelle, wo die dünne Wildspargelstange holzig wird. Diesen Rest zur Seite legen und später eine aromatische Spargelsuppe daraus kochen. Junger Wildspargel kann für dieses Omelett roh verwendet werden.

Die Eier mit dem Schneebesen verquirlen, mit wenig Salz und Pfeffer würzen. Olivenöl in einer gußeisernen Pfanne erhitzen, ein Viertel der Eiermasse hineingießen, etwas Spargel einlegen und nur so lange auf dem Feuer lassen, bis die Unterseite gerade goldfarben ist. Omelett wenden und noch einmal 1 bis 2 Minuten backen. Aus den Wildspargeln und der Eimasse 4 Omeletts backen.

Auf dem Teller streut sich jeder nach Belieben den frisch geriebenen Käse darüber. Wer's mag, krönt den Genuß noch mit ein paar Tropfen Olivenöl.

Sie sind im Frühjahr zwischen stricknadel- und bleistiftstark, die wilden Spargel der Weinberge oder des Brachlandes. „Asparagi di campo" heißen sie. Im Sommer werden daraus etwa ein bis zwei Meter hohe Stauden mit den hauchfeinen Blättchen, die Sie vom Blumengrün Asparagus her kennen. Die müssen dann ausreifen können, wenn's im nächsten Jahr wieder wilde Spargel geben soll. Man schneidet sie am frühen Morgen oder späten Abend und hält sie in armstarken Bündeln mit einer verdrehten, echten Weidenrute zusammen. Wir essen sie meist roh mit ein paar Scheiben toskanischem Schinken oder tauchen sie in Olivenöl, und dazu gibt's Pecorino in groben Stücken. Oder wir braten sie in einer Frittata.

Brokkoli mit Sardellen

750 g Brokkoli
grobes Meersalz
8 Sardellenfilets
6 EL natives Olivenöl extra
½ Chilischote, fein gehackt
500 g Pasta, zum Beispiel Farfalle
nach Belieben etwas frisch geriebener junger Pecorino romano

Variante:
Wer Sardellen nicht so gerne mag, kann die gekochten Brokkoli-Röschen mit einer Mandel-Butter-Mischung servieren. Einfach Butter schmelzen, dünne Mandelblättchen dazugeben und leise erhitzen, bis die Mandeln goldfarbig werden. Mit etwas Zitronensaft verrühren und mit den heißen Brokkoli-Röschen durchmischen.

Broccoli strascinati

Die Brokkoli etwa 10 Minuten in Salzwasser legen, dann herausnehmen und unter fließendem Wasser waschen. In Röschen teilen. Die Stiele schälen und längs einschneiden, daß sie gleichmäßig mit den Röschen garen. Die Sardellen wässern und auf Küchenkrepp trocknen. Auf einem Küchenbrett fein hacken. In einem großen Topf die Brokkoli in Salzwasser bißfest garen. Das Olivenöl warm, aber nicht heiß werden lassen und die Sardellen dazugeben. So lange bei leiser Wärme halten, bis die Sardellen mit einem hölzernen Kochlöffelrücken cremig gerührt werden können. Mit wenig Chilischote würzen. Die Brokkoli abgießen und mit der Sardellensoße üppig übergießen und aromatisieren.

Wir essen das Gemüse gerne mit Pasta, zum Beispiel mit den lustigen Farfalle. Dazu die Brokkoliröschen mit den gekochten, noch heißen Farfalle und der Sardellensauce in einer vorgewärmten Schüssel durchmischen. Frisch geriebener junger Pecorino romano bindet das Pastagericht und macht es cremig.

Während der Blumenkohl ein großes weißes Haupt bildet und die Pflanze nach der Ernte abstirbt, schieben die Brokkoli ständig neue Triebe nach, die während 6 bis 8 Wochen immer wieder geerntet und mit Stengel und Blüten verspeist werden können. Daher auch sein Name. „Brocco" heißt junger Sproß oder Schößling.

Und noch etwas ist anders als beim Blumenkohl: die herrliche grüne Farbe. Durch die intensive Chlorophyll-Bildung ist der Geschmack kräftiger, mehr nach reifem Gemüse. Im Zusammenspiel mit Pasta oder Kartoffeln kommt er ausgezeichnet zur Geltung.

Paprika-Zwiebel-Tomaten-Gemüse

600 g Paprika
(rot, grün und gelb)
300 g Zwiebeln
6 EL natives Olivenöl extra
300 g Fleischtomaten
Salz
frisch gemahlener
schwarzer Pfeffer
1 Glas kräftiger Rotwein
1 TL brauner Zucker

Peperonata

Die Paprikaschoten im Backofen bei 250 °C, Gas Stufe 5, so lange erhitzen, bis die dünne Haut sich blasig und dunkel gebrannt vom Gemüse löst. Abdecken und auskühlen lassen, dann Schale mit dem Messer abziehen. Das ist wichtig, weil das Gemüse ohne Haut viel besser schmeckt und die Aromen von Öl und Gewürzen besser aufnimmt.
Paprikaschoten halbieren, von Stiel und Kernhaus befreien, die Zwischenwände herausschneiden und in größere Stücke teilen.
Die Zwiebeln achteln oder in Scheiben schneiden und mit den Paprikaschoten in 4 Eßlöffeln Olivenöl in einer Kasserolle anbraten, bis die Zwiebeln goldfarbig sind. Die Tomaten überbrühen, häuten, entkernen, in herzhafte Stücke schneiden und zu den anderen Gemüsen in die Kasserolle geben. Die Gemüse zum Kochen bringen, salzen und mit schwarzem Pfeffer würzen.
Nach 5 Minuten Hitze zurücknehmen und bei geschlossenem Deckel 10 Minuten leise köcheln lassen. Den Rotwein dazugeben, von Zeit zu Zeit mit einem Holzlöffel umrühren und bei offenem Topf so lange auf dem Feuer lassen, bis die Gemüse gar sind, aber noch Biß haben. Dann die Aromen mit dem braunen Zucker abrunden, das Ganze durchrühren, auskühlen lassen und vor dem Servieren mit dem restlichen Olivenöl vollenden.

Peperonata ist mit seinen runden Aromen und der sanften Würze von Pfeffer, Salz und Olivenöl ein köstliches Sommergemüse. Deshalb sollten Sie reife Paprikaschoten und Tomaten verwenden – in diesem Fall nicht Saucentomaten, sondern die etwas festeren Fleischtomaten. Die Sorte „cor di bue“ (zu deutsch: Ochsenherz) mit der kleinen Spitze am unteren Ende ist sehr gut geeignet.
Peperonata darf nicht aus dem Kühlschrank serviert werden, sondern muß gut Zimmertemperatur haben. Dann entfalten sich Geschmack und Duft am besten.

Zucchini mit Kalbfleisch-Füllung

1 kleine Zwiebel
500 g reife Flaschentomaten
20 g Butter
Salz
weißer Pfeffer

Für die Füllung:
250 g Hackfleisch vom Kalb
20 g Butter
1 Bund Blattpetersilie, fein gewiegt
3 EL geriebener junger Parmesan
Salz
Cayenne-Pfeffer

8 frisch geerntete Zucchini, je etwa 12–15 cm lang
4 EL natives Olivenöl extra

Zucchini ripieni alla marchigiana
Die Zwiebel abziehen und fein hacken. Die Tomaten überbrühen, häuten, halbieren und die Kerne mit einem Teelöffel herausschaben. Das feste Tomatenfleisch grob hacken. Die Zwiebelwürfel in einer Kasserolle mit Butter anschwitzen. Wenn sie goldgelb sind, die Tomatenstücke dazugeben, salzen und mit Pfeffer würzen. Bei kleiner Hitze so lange köcheln, bis eine sämige Tomatensauce entsteht.
Für die Füllung das Hackfleisch mit der Butter anbraten, bis es leicht gebräunt ist. Dann in einer Porzellanschüssel auskühlen lassen. Mit der Petersilie, dem Parmesan, Salz und Cayenne-Pfeffer herzhaft würzen und gut vermengen.
Die Zucchini waschen, trocknen und an beiden Enden abschneiden. Durch Einstechen und Drehen eines längeren, schmalen Messers oder mit dem Apfelausstecher aushöhlen und mit der Hackfleisch-Mischung füllen. Die Zucchini in einer größeren Pfanne nebeneinander legen und in Olivenöl langsam braten. Durch Einstechen mit einer Gabel spürt man, wenn sie gar sind. Dann in eine Auflaufform legen, mit der Tomatensauce überziehen und im Backofen bei 160 °C, Gas Stufe 1, knappe 10 Minuten gut durchziehen lassen.
Zu dem saftigen Gemüse paßt wunderbar frisches Weißbrot.

Zucchini haben einen sehr zurückhaltenden Eigengeschmack. Deshalb ist's gut, wenn eine pikante Sauce zu dem Gemüse gereicht wird oder eine Füllung, die den Zucchini etwas Pep gibt, wie diese hier mit der dezenten Cayenne-Pfeffer-Schärfe. Außer den länglichen Zucchini finden wir auf den Märkten auch runde von Tennisballgröße. Sie haben festes Fruchtfleisch und ein ausgeprägteres Eigenaroma.

Steinpilze mit dem Aroma des Waldes

STEINPILZE IN PASSITO DI PANTELLERIA
300 g frische Steinpilze
1 EL natives Olivenöl extra
20 g Butter, Salz
frisch gemahlener weißer Pfeffer
2 TL Zitronensaft
125 ml Passito di Pantelleria, oder Marsala Superiore secco
8 Scheiben Weißbrot

GEDÜNSTETE STEINPILZE MIT MINZE
400 g frische Steinpilze
1 kleine Zwiebel
1 Knoblauchzehe
10 Blättchen Schönminze oder 5 Blätter Zitronenmelisse
1 Bund Blattpetersilie
70 g Butter
2 EL natives Olivenöl extra
2–3 EL Gemüsebrühe
Salz
weißer Pfeffer
1 Zweig frischer Thymian
4 Kalbssteaks aus dem Rücken von je 150 g
3 El Weißwein

Tip:
Getrocknete Steinpilze vor der Verwendung eine gute halbe Stunde in handwarmem Wasser einweichen.

STEINPILZE IN PASSITO DI PANTELLERIA
Funghi porcini al Passito di Pantelleria
Sehr schöne und unversehrte Steinpilze auswählen. Mit einer weichen Bürste oder einem Pinsel von der Walderde säubern. Der Länge nach in 3 bis 5 mm starke Scheiben schneiden.
Olivenöl und Butter in einer Pfanne erhitzen und die Steinpilzscheiben einzeln ins heiße Fett legen. Wenige Minuten auf starkem Feuer anbraten, dann die Hitze zurücknehmen, salzen und Pfeffer darübermahlen.
Nach etwa 5 Minuten den Zitronensaft auf die Scheiben träufeln, dann den Passito oder Marsala angießen. Auf kleiner Flamme bis auf einen geringen Rest, der etwas karamelisiert, aber gerade noch flüssig ist, verdampfen lassen. Die Garzeit beträgt etwa 5 bis 10 Minuten. Die Weißbrotscheiben toasten. Mit der Palette die Steinpilzscheiben vorsichtig aus der Pfanne nehmen und auf dem Brot mit wenigen Tropfen Sauce anrichten.
Am besten Sie reichen dazu denselben Passito di Pantelleria, einen würzig-natursüßen Wein aus der Zibibbo-Rebe, mit dem auch gekocht wurde.

GEDÜNSTETE STEINPILZE MIT MINZE
Funghi porcini trifolati con nepitella
Die Pilze mit einem Pinsel säubern. Hut und Fuß trennen und in dünne Scheiben schneiden. Zwiebel abziehen und fein würfeln. Knoblauch, Schönminze oder Zitronenmelisse und Blattpetersilie fein hacken. Etwa 40 g Butter und das Öl in einer Kasserolle erhitzen. Die Zwiebel darin goldgelb anschwitzen. Erst dann Knoblauch, Steinpilze, Petersilie und Schönminze oder Zitronenmelisse dazugeben. Immer wieder mit einem Holzlöffel durchrühren. Wenn die Pilze am Boden ansetzen, mit der Gemüsebrühe lösen. Salzen und mit Pfeffer würzen.
In einer Pfanne die restliche Butter mit dem Thymian erhitzen. Die Kalbssteaks mit grobem weißem Pfeffer würzen, zuerst bei scharfer Hitze anbraten, salzen, dann bei leiser Hitze auf jeder Seite etwa 3 Minuten garen, herausnehmen und warm halten.
Den Bratfond mit Weißwein loskochen und die Pilze darin schwenken.
Die Kalbssteaks auf vorgewärmten Tellern anrichten und die Steinpilze darübergeben.

DI PANTELLERIA
1992
14,5% vol - ITALIA

Auberginen mit Mozzarella

Für die Tomatensauce:
750 g frische Flaschentomaten
oder
1 kg „pomodori pelati“ aus der Dose
1 kleine Zwiebel
1 Möhre
1 Stange Staudensellerie
5 Stengel Blattpetersilie
12 Stengel Basilikum
6 EL natives Olivenöl extra
Salz
Pfeffer
Cayenne-Pfeffer

4 mittelgroße Auberginen, länglich oder rund
Salz
1 Liter Erdnuß- oder Sonnenblumenöl zum Ausbacken
3 Eier
4 EL Weizenmehl
200 g Mozzarella, in dünne Scheiben geschnitten
frischer oder getrockneter Oregano
2 EL natives Olivenöl extra

Melanzane alla siciliana

Für die Tomatensauce die Tomaten mit kochend heißem Wasser übergießen, häuten, halbieren und Kerne entfernen. Die Tomatenhälften in Stücke schneiden. Zwiebel, Möhre, Staudensellerie und Blattpetersilie kleinhacken. Die Basilikumblättchen kleinzupfen. Alle Gemüse zusammen im Öl scharf anschmoren, dann bei mäßiger Hitze ½ Stunde zugedeckt köcheln lassen. Danach den Topfdeckel abnehmen, so daß die Sauce etwas einkocht. Salzen, die Hälfte des Basilikums hinzufügen und noch ½ Stunde kochen.

Wenn genug Flüssigkeit verdampft ist, Tomatensauce mit dem Mixstab gründlich zerkleinern oder durch ein Haarsieb passieren. Mit Pfeffer, Cayenne-Pfeffer und dem restlichen Basilikum würzen.

Auberginen waschen, trocknen und den Stielansatz abtrennen. In halbzentimeterstarke Scheiben schneiden, auf einem großen Gitter auslegen und mit Salz bestreuen. 1 bis 2 Stunden stehen lassen, damit das Salz den bitteren Gemüsesaft der Auberginen ziehen kann. Dann die Scheiben mit kaltem Wasser kurz abspülen und sofort auf Küchenkrepp trocknen.

Das Öl erhitzen. Die Eier verquirlen. Die Auberginenscheiben in Mehl wälzen, durch die aufgeschlagenen Eier ziehen, kurz abtropfen lassen und im heißen Öl goldfarbig ausbacken. Wenn das Fritierfett sehr heiß ist, saugen sich die Auberginenscheiben nicht damit voll. Das überschüssige Fett auf Küchenkrepp abziehen. Die Hälfte der Auberginenscheiben mit Mozzarellascheiben belegen, mit wenig Salz und reichlich Oregano bestreuen und mit den anderen fritierten Auberginenscheiben bedecken.

Die Doppeldecker auf ein Backblech legen, mit Olivenöl beträufeln und im vorgeheizten Backofen bei 180 °C, Gas Stufe 2, 10 bis 15 Minuten backen. Auf einer vorgewärmten Platte auf der Tomatensauce anrichten.

Auberginen überraschen immer wieder durch die violett-schwarze Farbe. Es gibt aber auch weiße, sie sind besonders zart. Die schlanken, langen Gemüse haben einen ausgeprägten Geschmack, die runden und länglich-ovalen sind feiner im Aroma. Besonders gut schmecken Auberginen in ihrer Hochsaison, im Sommer, wenn die dunkle Haut glatt und das pralle Fleisch fest ist.

Desserts und Kuchen

Rot und Weiss

ERDBEEREN IN BALSAMESSIG
500 g vollreife Erdbeeren
50 g Puderzucker
1 TL abgeriebene Schale von 1 unbehandelten Orange
2 EL Orangensaft
50 ml Aceto balsamico (Balsamessig)
¼ Liter Schlagsahne
1 EL Vanillezucker, möglichst selbstgemacht (s. Rezept S. 180)

SAHNE-DESSERT
300 ml Schlagsahne
50 g Zucker
1 Vanilleschote
6 Blatt weiße Gelatine
knapp 1 Msp. gemahlener Zimt
1 EL Rum
4 Minze- oder Zitronenmelisseblättchen

ERDBEEREN IN BALSAMESSIG

Fragole all'aceto balsamico

Die reifen Erdbeeren, wenn möglich, nicht waschen, sondern mit einem Backpinsel nur von Sand und Erde säubern. Die großen halbieren oder vierteln. Mit dem Puderzucker überstäuben. Orangenschale dazugeben, Orangensaft und Aceto balsamico darübergießen und vorsichtig durchmischen. 1 bis 2 Stunden zugedeckt in den Kühlschrank stellen.

Die gekühlte Schlagsahne mit dem Vanillezucker süßen und in einer kalten Schüssel halbsteif schlagen. Über jede Portion Erdbeeren einen reichlichen Löffel davon fließen lassen.

Die Bezeichnung „Aceto balsamico tradizionale di Modena" ist seit 1983 gesetzlich geschützt und garantiert die hohe Qualität und Herkunft. Übrigens: Aceto balsamico ist viel sanfter und süßer als Weinessig und wird tropfenweise als Würzaroma und manchmal sogar als Medizin verwendet. Dafür wird der süße Most von weißen Trebbiano di Spagna-Trauben durch Kochen reduziert und dann einige Jahre in Fässern verschiedener Holzarten gereift.

SAHNE-DESSERT

Panna cotta

Die Sahne in einer Kasserolle mit Zucker und der längs halbierten Vanilleschote zum Kochen bringen. Hitze verringern und mindestens 15 Minuten leise köcheln lassen. Dabei karamelisiert der Zucker ein bißchen und macht den Geschmack runder. Die Vanilleschote herausnehmen, ausschaben und das Mark hinzufügen.

Die Gelatineblätter in kaltem Wasser einweichen, ausdrücken und bis auf einen kleinen Rest in der heißen Sahne auflösen. Die Panna cotta mit Zimt und Rum aromatisieren und gut durchmischen. Die restliche Gelatine in wenig Wasser auflösen.

Die Minzeblättchen mit je 2 Tropfen Gelatine auf den Boden der Timbaleförmchen kleben, die Panna cotta einfüllen und kühl stellen. Nach 2 bis 3 Stunden ist das Sahne-Dessert fest und kann nach kurzem Eintauchen der Form in heißes Wasser gestürzt werden. Das Minzeblättchen schmückt dann die Oberseite des Desserts.

Cassata

Für den Mandel-Biskuitteig:
8 Eier
200 g Zucker
100 g Mehl
100 g geschälte, fein gemahlene Mandeln
abgeriebene Schale von ½ unbehandelten Limette

Für die Füllung:
500 g Ricotta oder Quark
100 ml Schlagsahne
je 1 gehäufter EL Zitronat, Orangeat, kandierte Kirschen, Ananas und Aprikosen
2 cl Limetten- oder Orangen-Likör
100 g Zucker
1 EL Bitterschokolade in kleinen Stücken
1 Msp. gemahlene Gewürznelken

Für den Sahneüberzug:
1 Vanilleschote
1 EL Zucker
100 ml Schlagsahne

Variante:
Statt Limetten- oder Orangen-Likör können – je nach Gusto – auch Maraschino oder Amaretto verwendet werden.

Cassata siciliana

Für den Teig die Eier trennen. Eiweiße mit dem Zucker aufschlagen, Eigelbe, gesiebtes Mehl, fein gemahlene Mandeln und Limettenschale daruntermischen und den Teig sofort knapp 1 cm stark auf ein mit Backpapier ausgelegtes Backblech streichen. Im vorgeheizten Backofen bei 190 °C, Gas Stufe 2–3, etwa 7 Minuten backen.

Für die Füllung Ricotta auf dem Durchschlag abtropfen lassen und durch ein Haarsieb streichen. Die Sahne aufschlagen und mit dem Ricotta mischen. Die kandierten Früchte, wenn nötig, würfeln, mit dem Limetten- oder Orangen-Likör übergießen und ½ Stunde ziehen lassen. Zucker, Schokolade-Stückchen, kandierte Früchte und gemahlene Gewürznelken unter die Ricotta-Sahne-Mischung geben.

Den Mandelbiskuit in Sektoren schneiden und damit eine halbrunde Schüssel oder Eisbombenform auslegen. Ricottamasse einfüllen, glattstreichen und mit einer Mandelbiskuitplatte bedecken. Für etwa 2 Stunden in den Kühlschrank stellen und dann auf eine Platte stürzen.

Für den Sahneüberzug die Vanilleschote der Länge nach aufschneiden, das Mark herausschaben und mit dem Zucker gut vermengen. Schlagsahne mit dem vanillierten Zucker süßen und steif aufschlagen. Die Cassata damit überziehen.

Arabische Lebensart, zahlreiche wissenschaftliche, astronomische und medizinische Erkenntnisse und eine Fülle von Rezepten gelangten während der Kreuzzüge nach Sizilien. Die Klöster hielten diese orientalischen Traditionen lebendig. So wurde auch die berühmteste Süßspeise Siziliens eigentlich als raffinierte Ricotta-Zubereitung in Arabien erfunden und nicht als Eis-Torte in Sizilien. Das ist heute noch an den Gewürzen und den vielen kandierten Früchten zu erkennen. Die klassische Zubereitung erfolgt mit normalem Biskuitteig, den es im Lebensmittelhandel als fertigen Tortenboden zu kaufen gibt. Wenn keine Zeit zum Backen bleibt, ist das eine gute und wenig aufwendige Möglichkeit. Mandelbiskuit, wie in unserem Rezept beschrieben, ist etwas fester im Biß und feiner im Geschmack.

LIQUORE
LIMONI
SORRENTO

Birnen in Barolo

Birnbäume gab's schon in der Antike auf dem europäischen Festland. Die Birne ist eine heimische Frucht, die allerdings meist auf Quitten gepfropft wird. Schon um 1600 waren in Italien über 230 Sorten bekannt, heute sind es weit über tausend. Italien ist übrigens der Welt größter Erzeuger von Birnen, Birnensäften und eingelegten Früchten. Unser Rezept ist ein kalorienarmes Dessert aus dem Piemont, bei dem Süße und Herbe, üppiger Fruchtgeschmack und kraftvolles Weinaroma gut ausgeglichen sind. Der Duft der Gewürze und die schöne Farbe der Früchte steigern das Vergnügen. Und die Fahrtüchtigkeit wird nicht gemindert, da der Alkohol beim Kochen weitgehend verdunstet.

4 reife Williamsbirnen
4 Gewürznelken
2 kleine Lorbeerblätter
1 Stange Zimt
ein Stück abgeschälte Schale von 1 unbehandelten Zitrone
125 g Zucker
¾ Liter Barolo

Pere al Barolo

Möglichst Birnen mit Stiel auswählen und schälen. Mit dem Stiel nach oben in einen höheren Topf setzen. Nelken, Lorbeerblätter, Zimtstange und Zitronenschale dazugeben. Zucker über die Birnen streuen und Wein darübergießen. Bei kräftiger Flamme zum Kochen bringen, dann Hitze zurücknehmen und eine knappe Stunde leise köcheln lassen. Durch Einstechen mit einer Gabel prüfen, ob die Birnen gar sind. Dann Früchte am Stiel herausnehmen, Rotwein noch etwas einkochen und die Birnen damit übergießen. Zimmerwarm servieren.

SCARZEL
BAROL

Lombardei/Venetien

Biskuit-Mascarpone-Dessert

200 g Zucker
4 Eigelb
4 cl Amaretto-Likör
500 g Mascarpone
250 g Löffel-Biskuits
2 Tassen Espresso
2 cl Kirschgeist
2 EL dunkler Kakao zum Überstäuben

Tirami sù

Zucker und Eigelbe schaumig aufschlagen – mindestens 8 Minuten. Mit der Hälfte des Amaretto aromatisieren. Die elastisch-feste Creme vorsichtig mit dem Schneebesen unter den Mascarpone heben.

Eine Porzellanform mit Löffelbiskuits auslegen, mit 1 Tasse abgekühltem Espresso tränken und mit dem Kirschgeist beträufeln. Darüber eine Lage der Mascarpone-Creme geben. In die Cremeschicht wieder Löffelbiskuits setzen, mit dem übrigen Espresso tränken und mit dem restlichen Amaretto beträufeln. Darauf noch einmal eine Cremeschicht aufstreichen, glätten und mit dunklem Kakaopulver überstäuben.

Am besten eine Nacht, mindestens jedoch 6 Stunden, im Kühlschrank durchziehen lassen.

In keinem Standardwerk der italienischen Küche gibt's ein Dessert dieses Namens. Es scheint eine sehr junge – aber erfolgreiche – Creation zu sein, und ich bin nicht sicher, ob nicht die Italien-Touristen dabei mitgemischt haben. Heute jedenfalls ist Tirami sù ein Muß für jedes italienische Restaurant und jedes italienische Kochbuch. Also: Die raffinierte Komposition aus Espresso, Likör und Biskuit ist sicher venezianische Lebensart, und der gewaltige Mascarpone-Kalorienschlag stammt aus der Lombardei. Das eine richtet leichtfüßig auf, das andere stärkt dem eben Aufgerichteten Rücken und Beine.

Obstsalat mit Weinschaumcreme

500 g frisches Obst der Saison z.B. Erdbeeren, reife Birnen, Pfirsiche, Aprikosen, Pflaumen, Beerenobst
½ Wassermelone
1 kleine Zuckermelone
Saft von 1 Zitrone
120 g Puderzucker

Für die Zabaione:
½ Vanilleschote
100 g Zucker
5 Eigelb
abgeriebene Schale von ½ unbehandelten Zitrone
300 ml Vin Santo, Marsala, Moscato oder Passito di Pantelleria

Außerdem:
1 Schlagkessel

Tip:
Anstatt in einer Schüssel kann der Obstsalat im Sommer in einer halbierten, ausgehöhlten Wassermelone gereicht werden. So bleibt das Desserts auch länger kühl.

Macedonia e zabaione

Am besten schmeckt die Macedonia aus pflückfrischem, reifem Obst der Saison. Die Früchte in reichlich kaltem Wasser waschen, abtropfen lassen oder trockenschleudern. Das Obst, soweit nötig, schälen, Kerne oder Kernhaus entfernen und in mundgerechte Stücke schneiden, aber nicht zu klein, so daß die Früchte noch Biß haben. Bei der Wassermelone die Kerne entfernen und mit dem Kugelausstecher aushöhlen, ebenso bei der Zuckermelone. Die Kugeln zu den Früchten geben. In einer Schüssel mit Zitronensaft übergießen und mit dem Puderzucker bestreuen. Puderzucker eignet sich besser als Streuzucker, da er sich rasch auflöst und mit der Zitrone zusammen den Früchten die saftige Frische und das volle Aroma verleiht. Ein paar Mal durchmischen und für 2 bis 3 Stunden kühl stellen.

Für die Zabaione die Vanilleschote der Länge nach halbieren und das schwarze Mark herausschaben. Mark und Schote mit dem Zucker zwischen den Fingern verreiben. Die Eigelbe mit dem vanillierten Zucker und der abgeriebenen Zitronenschale so lange verrühren, bis sich der Zucker auflöst und eine cremige, feinschaumige Masse bildet. Den Schlagkessel ins heiße Wasserbad setzen und sofort mit einem elastischen Schneebesen die Eiermasse mit dem süßen Wein aufschlagen. Jetzt das Wasserbad bis kurz vor den Siedepunkt erhitzen und ständig mit dem Schneebesen weiter schlagen, bis die Zabaione zuerst schaumig locker anzieht und dann cremig wird. Sie muß in einer breiten Bahn noch gut vom Schneebesen ablaufen. Schlagkessel vom Wasserbad nehmen und die lauwarme Zabaione sofort zum gekühlten Fruchtsalat reichen.

Die Verbindung der kühlen Früchte mit der lauwarmen, cremigen Zabaione schafft eine wundervolle Harmonie. Echt lombardisch, beziehungsweise piemontesisch ist die Zabaione eigentlich nur mit original sizilianischem Marsala.
Das Zusammenspiel von Eierschaum mit würzigen, süßen Weinen wie Vin Santo, Moscato, Passito oder mit Likören macht nicht nur aus einem Obstsalat, sondern auch aus einem Stück Panettone oder einem schlichten Apfelkuchen einen besonderen Gaumenschmaus.

Südtirol

Apfelstrudel

Für 8 Personen

Für den Teig:
300 g Weizenmehl, Type 405
2 EL natives Olivenöl extra
50 g Butter
25 g Puderzucker
Salz

Zum Einlegen des Teigs:
100 ml natives Olivenöl extra

Für die Füllung:
1 kg Äpfel, am besten Renetten
Saft und abgeriebene Schale von 1 unbehandelten Zitrone
50 g Zucker
2 EL Semmelbrösel
40 g geschälte Mandeln, in Stifte geschnitten und angeröstet
25 g Pinienkerne
75 g Sultaninen
1 TL gemahlener Zimt
50 g Butter

Butter fürs Blech
Puderzucker zum Überstäuben

Strudel di mele
Das Mehl auf dem Teigbrett aufhäufen und eine Vertiefung eindrücken. 100 ml lauwarmes Wasser, Öl, Butter, Zucker und Salz hineingeben und die Zutaten fest zu einem elastischen Teig verkneten. Das dauert gut und gerne 20 Minuten. Und je intensiver der Teig geknetet und aufs Teigbrett geschlagen wird, um so dünner läßt er sich nachher ausziehen. Aus dem Teig einen runden Ball formen, in eine Schüssel legen und mit Olivenöl übergießen. Zugedeckt eine Nacht im Öl ruhen lassen.
Am nächsten Tag den Teigballen mit Küchenkrepp trocknen und auf einem bemehlten Tischtuch zuerst auswellen, dann über dem Handrücken so dünn wie möglich ausziehen, ungefähr so groß wie ein Geschirrtuch. Der Teig darf dabei aber nicht reißen.
Für die Füllung die Äpfel schälen, Kernhaus herausschneiden, in Achtel teilen und diese sehr dünn quer schneiden. Die feinen Apfelscheiben mit Zitronensaft benetzen. In einer Pfanne sehr kurz goldgelb anschwitzen, Zucker darüberstreuen und etwas karamelisieren lassen. Pfanne vom Herd ziehen, Semmelbrösel, Zitronenschale, Mandelstifte, Pinienkerne, Sultaninen und gemahlenen Zimt untermischen. Butter schmelzen und mit einem Teil davon die Teigfläche bestreichen. Darauf die Apfelfüllung gleichmäßig verteilen, nur einen 3 bis 5 cm breiten Randstreifen freilassen. Den Teig durch Anheben des Tuchs zum Strudel aufrollen und die Enden fest zusammendrücken, so daß beim Backen der zuckrige Apfelsaft nicht herausläuft.
Strudelrolle vorsichtig auf ein gebuttertes Backblech legen, mit der restlichen Butter bepinseln und im vorgeheizten Backofen bei 180 °C, Gas Stufe 2, 40 bis 45 Minuten backen.
Herausnehmen, mit Puderzucker besieben und noch warm anrichten.

Strudelteig richtig zuzubereiten ist schon ein kleines Kunststück. Keine Frage, daß man sich in Südtirol bestens darauf versteht. Und wenn man es einmal beherrscht, daß er dünn, zart und kross wird, sollte man alle Variationen von Füllungen ausschöpfen. Sie müssen nur achtgeben, daß die Füllung nicht zu feucht wird, aber da helfen oft schon ein bis zwei Eßlöffel Semmelbrösel.

Piemont
Sizilien

Nusskuchen
Eiskaffee mit Sahne

NUSSKUCHEN
Für eine Springform mit 24 cm Durchmesser

175 g geschälte Haselnüsse
3 Eier
120 g Butter
175 g Zucker
Schale von 1 unbehandelten Zitrone
1 Päckchen Backpulver
250 g Weizenmehl
1 EL Olivenöl
150 ml Milch

Butter und Mehl zum Ausstreichen und Bestreuen der Form

EISKAFFEE MIT SAHNE
500 ml Espresso oder Mokka
75 g Zucker, am besten brauner Zucker
250 ml Schlagsahne
1 EL Puderzucker
1 TL dunkles Kakaopulver

Außerdem:
Schlagbecher oder Schlagkessel

NUSSKUCHEN
Torta alle nocciole
Die Nüsse auf einem Backblech verteilen. Im heißen Backofen bei 200 °C, Gas Stufe 3, in wenigen Minuten hellbraun rösten. Das gibt den Nüssen ein köstliches Röstaroma. Nüsse mit der Mühle reiben oder sehr fein hacken.
Den Backofen auf 200 °C, Gas Stufe 3, vorheizen.
In einer Teigschüssel die Eier aufschlagen, die weiche Butter hinzufügen, den Zucker allmählich einrieseln lassen, Zitronenschale daruntermischen und das mit dem Backpulver vermischte Mehl dazusieben. Schließlich die Nüsse, das Olivenöl und die Milch einarbeiten, bis ein geschmeidiger Teig entsteht.
Die Springform mit Butter einstreichen und mit Mehl gut ausstreuen. Mit Hilfe der Teigspachtel den Teig einfüllen, glattstreichen und etwa 45 bis 55 Minuten backen. Durch Einstechen mit einem Holzspießchen prüfen, ob der Kuchen fertig gebacken ist. Aus der Springform nehmen und auf einem Gitter auskühlen lassen.

EISKAFFEE MIT SAHNE
Granita di caffè con panna
Im heißen Espresso den Zucker vollkommen auflösen. Im Kühlschrank auskühlen lassen, dann in flache Eiswürfelschalen ohne Einsätze füllen und im Tiefkühlfach anfrieren lassen. Wenn sich eine dünne Eisschicht gebildet hat, die gefrorene Masse mit einem Löffel zusammenschieben. Diesen Vorgang so oft wiederholen, bis der ganze Espresso grobkristallin gefroren ist.
Gleichzeitig einen Schlagbecher oder -kessel ins Kühlfach stellen. Wenn das Gefäß richtig kalt ist, die kalte Schlagsahne einfüllen, den Puderzucker darübersieben und die Sahne cremig-fest aufschlagen.
Die grobkristalline Granita di caffè in hohen Gläsern anrichten, mit einer Sahnehaube bedecken und mit Kakaopulver bestreuen.

Sizilien, Heimat der Granita. Die Suche nach Lampedusas Leoparden hat uns müde gemacht. Es riecht nach Karamelsüße und Orangenblüten. Die Hitze lähmt, und schnell vergessen wir Paläste und aristokratische Familien. Nur das betaute Glas in der Hand – und das eiskalte Aroma zerfließt auf der Zunge.

Die Rezepte nach Gruppen

Soweit in den Rezepten nichts anderes vermerkt ist, sind die Zutaten für vier Personen berechnet.

Die Rezepte alphabetisch

Soweit in den Rezepten nichts anderes vermerkt ist, sind die Zutaten für vier Personen berechnet.

Bildquellen
Impressum

Bilderberg: Ellerbrock & Schafft 22/23; Thomas Ernsting 6, 36, 39; Klaus-D. Francke 8, 43 (beide); Milan Horacek 10, 11, 13, 64, 146, 176; M. Kirchgessner 16/17, 19, 70; Till Leeser 30; Hans Madej 14, 15, 45, 48, 51 (unten); Gert Wagner 7, 27, 50, 126
Focus: Roman Bezjak 18; Gerald Buthaud Cosmos 44, 47; Hervé Champollion, Agence Top 49; Enrico Ferorelli 31 (oben); G. Berengo Gardin, Agenzia Contrasto 25 (oben); H. Gruyaert, Magnum 37; Lorenzo Sechi, Grazia Neri 51 (oben); Snowdon/Hoyer 34; Paul Solomon, Wheeler Pictures 24; Paolo Titolo, Agenzia Contrasto 40; Emilio Tremolada, Grazia Neri 25 (unten), 26
Frieder Klenk: 2, 42
Sigloch Edition/Bildarchiv: Da Bruno, Frankfurt/Main 116; Hans Joachim Döbbelin 54/55, 76/77, 92/93, 112, 122/123, 156/157, 170/171 und alle ungeraden Seitenzahlen 57–185
Visum: 28, 29; Thomas Cojaniz 32/33, 35; Gebhard Krewitt 9, 21, 84; Gerd Ludwig 41; Rolf Nobel 53; Kai Sawabe 20; Wolfgang Steche 31 (unten)

Redaktionelle Bearbeitung: Regina Dietrich

 Printed in Germany
Reproduktion: Otterbach Repro, Rastatt
Satz: Sigloch Edition, Künzelsau
Druck: Druckerei Eberl, Immenstadt
Papier: 135 g/m² Phoenix-Imperial glänzend
der Papierfabrik Scheufelen, Lenningen
Bindearbeiten: Sigloch Buchbinderei, Künzelsau
ISBN 3-89393-134-1